实用汉语阅读教程

A Practical Chinese Reading Course

张美霞 编著

中级（上）

北京语言大学出版社
BEIJING LANGUAGE AND CULTURE UNIVERSITY PRESS

图书在版编目（CIP）数据

实用汉语阅读教程 ：中级．上 / 张美霞编著．—
北京：北京语言大学出版社，2021.1（2025.10 重印）
ISBN 978-7-5619-5636-6

Ⅰ．①实… Ⅱ．①张… Ⅲ．①汉语－阅读教学－对外
汉语教学－教材 Ⅳ．① H195.4

中国版本图书馆 CIP 数据核字（2020）第 096545 号

实用汉语阅读教程：中级（上）
SHIYONG HANYU YUEDU JIAOCHENG: ZHONGJI (SHANG)

项目策划：上官雪娜　　责任编辑：黄　英　刘奕君
封面设计：卓艺苑文化　　责任印制：周　燚

出版发行：北京语言大学出版社
社　　址：北京市海淀区学院路 15 号，100083
网　　址：www.blcup.com
电子信箱：service@blcup.com
电　　话：编 辑 部　8610-82303392
发 行 部　8610-82303650/3591/3648（国内）
8610-82303365/3080/3668（海外）
读者服务部　8610-82303653
网购咨询　8610-82303908
印　　刷：北京富资园科技发展有限公司

版　　次：2021 年 1 月第 1 版　　印　　次：2025 年 10 月第 3 次印刷
开　　本：889 毫米 × 1194 毫米　1/16　　印　　张：18
字　　数：335 千字　　定　　价：78.00 元

PRINTED IN CHINA
凡有印装质量问题，本社负责调换。售后 QQ 号 1367565611，电话 010-82303590

前言

《实用汉语阅读教程：中级（上）》是专门为完成了基础汉语学习、已掌握 800 ～ 1200 个词语的汉语学习者编写的阅读教材。通过本教材的学习，学习者可以具备汉语水平考试（HSK）四级所要求的阅读能力，并顺利向五级过渡。同时，本教材还可以帮助学习者比较深入地了解中国传统文化。

一、教材特色

1. 趣味性与文化性相结合

对于从基础水平迈向中级水平的学生来说，阅读文本的趣味性和文化性是至关重要的。本教材精心选取的 40 余篇故事既有古代故事，也有现代故事；既有成语故事、寓言故事，也有幽默故事、哲理故事。学习者可以在阅读过程中加深对中国文化的了解和认识，理解中国人的价值观。

2. 精读与泛读相结合

日常生活中，出于不同的目的，我们会选择不同的阅读方式，或精读，或泛读。这两种阅读方式所需要的阅读能力都很重要。本教材的课文设计为精读篇、泛读篇、成语篇三种，精读篇注重细节的把握和语言知识的学习，泛读篇注重主要信息的搜索和核心内容的理解，成语篇注重理解成语背后的故事和文化内涵。

3. 以扩充词汇量为中心

阅读水平的提高离不开词汇量的扩充，因此扩大词汇量是阅读课教学的重要任务之一。阅读课的词语训练，强调的不是词语的运用能力，而是词语的理解和记忆。中国有句古话“授人以鱼不如授人以渔”，本教材从汉语词语的特点出发，设计了丰富多彩的练习，多方面提升学生的汉语词语习得能力。

4. 课文长度与难度循序渐进

本教材严格控制每篇课文的长度与难度，由浅入深，由短到长，由易到难。从第 1 单元到第 14 单元，精读篇课文篇幅从 390 字左右逐步增加到 600 字左右，泛读篇课文篇幅从 270 字左右逐步增加到 520 字左右，成语篇课文篇幅从 220 字左右逐步增加到 530 字左右。

5. 练习形式丰富且题量充足

本教材的练习包括读后练习、单元练习、HSK 拓展训练等多个板块，涵盖 HSK 四级与五级大部分阅读题型，形式丰富，题量充足。丰富的练习既可以帮助学习者取得良好的学习效果，又能最大限度地满足课堂教学需要，减轻教师的备课压力。

6. 专设 HSK 拓展训练板块，帮助学生提高应试能力

通过 HSK 来检测汉语水平，不仅是广大汉语学习者自身的要求，更是求职或进入专业学习的必经之路。本教材设有 HSK 拓展训练板块，学习者可以通过循序渐进的专门训练，提高 HSK 阅读考试成绩，实现从 HSK 四级向 HSK 五级的平稳过渡。

二、教材结构

本教材共有 14 个单元，每个单元包括精读篇、泛读篇、成语篇、单元练习、HSK 拓展训练等板块。

1. 精读篇

由导读、读前准备、课文、生词、语言点、读后练习等六部分组成。导读、读前准备用来引入话题，调动学习者的学习热情。语言点主要用来提升学生的汉语词语运用能力，帮助学生通过联想记忆快速扩大词汇量，涉及多义词、多音词、四字格、惯用语等内容。读后练习包括六种题型，可以全面提高学生的阅读理解、词汇理解、归纳总结、观点陈述等语言技能。

2. 泛读篇和成语篇

由课文和练习两部分组成，课文长度和难度略低于精读课文。生词只注音，没有释义，旨在培养学生的词义猜测和跨越生词障碍的能力。

书后词汇总表附有全部课文生词的英文翻译，学生可根据需要参考学习。

3. 单元练习

主要包括四种题型：“朗读句子，注意加点词语的用法”，巩固本单元出现的重要语言点；“给下面的汉字注上拼音，然后选择填空”，巩固本单元出现的单音节词；“给下面的词语注上拼音，然后选择填空”，巩固本单元出现的双音词；“选择填空”，巩固本单元出现的重要词语和固定结构。

4. HSK 拓展训练

模拟 HSK 五级阅读考试的第一、第二部分题型，包括“请选出正确答案”和“请选出与短文内容一致的一项”两类模拟题，帮助学生更好地熟悉和适应 HSK 五级阅读理解考试。

三、教学建议

本教材可供一个学期使用，教学进度为每周 1 个单元，每个单元的教学时间为 6 课时。为了提高学生的阅读速度，培养学生良好的阅读习惯，建议教师采用课堂限时阅读的教学方式，具体的阅读时间和答题时间请参见课文上方的阅读要求。教师可根据具体课时安排，灵活处理各板块内容，如将单元练习和 HSK 拓展训练安排为课后作业。

四、致谢

本教材第一版书名为《故事选读——实用汉语阅读教程（准中级）》，出版后受到广大汉语学习者的广泛认可和喜爱，北京语言大学出版社决定出版修订版，并更名为《实用汉语阅读教程：中级（上）》，与《实用汉语阅读教程：中级（下）》形成系列。

本教材部分单元曾作为教务处资助的教学实验课讲义，在北京语言大学速成学院试用，试用期间戴惠本、张宏信、杨慧真、张城护、王身钢、李蕊等任课老师给予编者诸多建议和鼓励，在此一并致以衷心的感谢！

感谢北京语言大学出版社上官雪娜、黄英、刘奕君等诸位编辑，她们为本教材的出版倾注了极大的热情，付出了艰苦的努力。

编者

2020 年 8 月

目 录

第1单元

精读篇

吃人的老虎

阅读要求：约 390 字，阅读时间 7 分钟，答题时间 15 分钟。

导　读

佛教影响很大，全世界信佛的人很多，也流传着很多关于和尚的故事。下面我们要学的就是其中一个。

读前准备

1. 下面哪些事情是和尚不能做的？请你说一说。

读书　　饮酒　　唱歌　　恋爱

吸烟　　结婚　　上网　　吃肉

2. 中国有很多有名的寺庙，你听说过哪些？去过哪些？

课　文

1　有一个小男孩从三岁起，就跟着一个老和尚住在山顶上的庙里，他们从来不下山。

2　时间过得很快，转眼小男孩已经长成一个高大的小伙子，他成了老和尚的徒弟。小和尚很想下山，去看一看外面的世界。老和尚虽然很担心，但是没办法，只好答应了。

3　下山的路上，小和尚见到很多在山上从来没有见过的新鲜东西。小和尚看到什么，就问老和尚“这是什么”。老和尚不厌其烦地告诉他：

4　“这是鸡，会下蛋。”

5　“这是狗，会看家。”

6　“这是马，可以骑。”

7　“这是牛，可以耕地。”

8 小和尚听了，非常高兴。这时，对面走过来一个年轻漂亮的姑娘。小和尚看呆了，吃惊地问老和尚：“这又是什么？”

9 老和尚沉下脸说：“阿弥陀佛[1]，这是‘吃人的老虎’啊，千万不能多看，看多了就要吃你！”小和尚点了点头。

10 回去的路上，老和尚问小和尚：“今天下山，你看到了很多新鲜东西，你最想再见到哪一个啊？”

11 小和尚想都没想，就说：“我最想再见一见那个‘吃人的老虎’。”

生 词

1. 老虎	lǎohǔ	（名）	tiger
2. 和尚	héshang	（名）	Buddhist monk
3. 山顶	shāndǐng	（名）	top of a mountain
4. 庙	miào	（名）	temple
5. 从来	cónglái	（副）	from past till present
6. 转眼	zhuǎnyǎn	（动）	in the twinkling of an eye
7. 高大	gāodà	（形）	tall
8. 小伙子	xiǎohuǒzi	（名）	young man
9. 徒弟	túdì	（名）	apprentice
10. 只好	zhǐhǎo	（副）	have no choice but to
11. 新鲜	xīnxiān	（形）	new; fresh; novel
12. 不厌其烦	bùyànqífán	（成）	be not tired of; (do sth.) tirelessly
13. 蛋	dàn	（名）	egg
14. 耕地	gēngdì	（动）	plough; till
15. 姑娘	gūniang	（名）	girl
16. 呆	dāi	（形）	(of one's expression, emotion, etc.) blank; stiff
17. 吃惊	chījīng	（动）	be shocked; be surprised
18. 沉	chén	（动）	keep down; sink
19. 千万	qiānwàn	（副）	must; be sure to

注释：

1. 阿弥陀佛 Ēmítuófó：佛教语，口头诵念的佛号，表示祈祷或感谢神灵等意思。

语言点

一、下蛋

汉语里很多常用动词都是多义词，比如，“下”就是一个多义词：“下蛋”指“生蛋”，“下班”指“工作结束”，“下饺子”指“把饺子放进锅里”，“下雨”指“雨从天上落下来”，“下棋”指“玩儿棋”。

◆ 选择下列各句中加点词的正确解释。

1. 刚才你上哪儿了？　（　　）　A 出发　B 去
2. 下大雨了，路上的人都打着伞。　（　　）　A 用手举着　B 用手提着
3. 我喜欢喝不放糖的咖啡。　（　　）　A 发　B 加
4. 这本新出的小说很有意思。　（　　）　A 出版　B 发生

二、想都没想

“想都没想”是“完全没有想，一点儿也没有想”的意思。“……都没……”或“……都不……”表示“完全没有 / 完全不……”“一点儿也没有 / 一点儿也不……”。其中，“都”表示强调，前面也可加上“连”，变成“连……都没 / 都不……”，该结构后面常有“就……”。

◆ 选择合适的词语填空。

A. 问都不问　B. 看都没看　C. 尝都没尝　D. 试都没试

1. 我向他借钱，他__________就借给我了。
2. 妻子觉得丈夫买的衣服不好看，所以__________就说大小不合适。
3. 我把报告交给经理，经理连__________，就说不行。
4. 女朋友__________就说：“这菜一看就太辣了，我不吃辣的。”。

读后练习

一、回答问题。

1.“吃人的老虎”指的是什么？

2. 小和尚最想再见到什么？

二、判断正误。

1. 小和尚一出生就和老和尚生活在一起了。（　）
2. 老和尚和小和尚住在山顶上的庙里。（　）
3. 小和尚一说想下山，老和尚就高兴地同意了。（　）
4. 老和尚和小和尚在下山的路上遇到了鸡、狗、马、牛、虎。（　）
5. 老和尚告诉小和尚那个年轻漂亮的姑娘是老虎。（　）
6. 小和尚住的山顶既没有鸡、狗、马、牛，也没有老虎。（　）
7. 小和尚以前没见过老虎，也没见过姑娘。（　）
8. 虽然老和尚说姑娘是吃人的老虎，但是小和尚不怕。（　）

三、选择加点词语的正确解释。

1. 时间过得很快，转眼小男孩已经长成一个高大的小伙子（　）

A. 一眼　B. 很快　C. 转身　D. 以后

2. 老和尚虽然很担心，但是没办法，只好答应了（　）

A. 愿望　B. 回答　C. 同意　D. 应该

3. 老和尚沉下脸说（　）

A. 低下头　B. 往下看　C. 生气了　D. 回头

4. 这是“吃人的老虎”啊，千万不能多看（　）

A. 一定　B. 很多　C. 万一　D. 可是

5. 小和尚想都没想，就说（　）

A. 想了又想　B. 想啊想啊　C. 想来想去　D. 一点儿都没想

四、选择与句中加点词语意思相同的一个。

1. 这是狗，会看家。（ ）

A. 请帮我看一下包，我去一下厕所。

B. 去上海旅行时，我去看了一位老朋友。

C. 我看今天不会下雨。

D. 你病得这么厉害，去医院看看吧。

2. 这时，对面走过来一个年轻漂亮的姑娘。小和尚看呆了……（ ）

A. 这篇文章不太好，有些呆板。

B. 别看他长得呆头呆脑的，其实可聪明了。

C. 听了这个消息，大家都惊呆了。

D. 他一天到晚就知道看书，真是个书呆子。

五、根据课文内容，选择正确答案。

1. “看多了就要吃你”的意思是：（ ）

A. 小和尚很喜欢老虎，所以看了很长时间

B. 如果小和尚总是看老虎，老虎就会吃他

C. 老虎一看到小和尚，就要吃他

D. 小和尚还想看老虎，但是老虎要吃他

2. 下面哪一项与课文内容不符？（ ）

A. 老和尚不厌其烦地教小和尚

B. 小和尚很想看一看外面的世界

C. 对老和尚来说，漂亮的姑娘就像老虎

D. 漂亮的姑娘都喜欢英俊的小伙子

六、联系课文，小组讨论下面的问题。

如果老和尚和小和尚的故事还会继续下去，请你讲讲下面的故事。

泛读篇

喝酒与读书

阅读要求：约 270 字，阅读时间 4.5 分钟，答题时间 10 分钟。

1 张三和李四是一对好朋友。一天，张三去找李四玩儿，见李四闷闷不乐的，就问："你出什么事了？"李四说："我太太出差了，刚才发信息问我周末是怎么过的。"

2 张三说："那还不好回答，你昨天都干什么了？"

3 "喝酒呗。"

4 "喝酒可不好，你太太肯定希望你周末在家好好休息。我给你出个主意吧，你先照实写，然后凡是有'喝酒'两个字的地方都改成'读书'，不就成了吗？"

5 李四一听，立刻打开手机写了起来："我一早起来读了半本书，想了想，又把后半本也一口气读完了，可是我觉得还不够，于是又去店里买了一本。回来的路上我遇到了王五，一看他的眼睛红红的，我就知道他也读得差不多了。"

生　词

闷闷不乐 mènmèn-bùlè　　太太 tàitai　　信息 xìnxī　　呗 bei

好好 hǎohǎo　　照实 zhàoshí　　凡是 fánshì　　改 gǎi

立刻 lìkè　　遇到 yùdào

读后练习

一、判断正误。

1. 张三去找李四时，李四正在为给太太回信息的事情担心。　　(　　)
2. 李四的太太希望他周末在家好好休息。　　(　　)

3. 李四周末不但喝了很多酒，还读完了一本书。（　　）
4. 李四周末和王五一起喝了很多酒。（　　）
5. 因为看了太多书，王五的眼睛都红了。（　　）

二、选择加点词语的正确解释。

1. 见李四闷闷不乐的（　　）

A. 心里很害怕　B. 心里很着急　C. 心里很紧张　D. 心里不高兴

2. 那还不好回答，你昨天都干什么了（　　）

A. 不好回答　B. 很好回答　C. 好不好回答　D. 怎么回答

3. 你先照实写（　　）

A. 认真写　B. 好好写　C. 写事实　D. 这样写

4. 然后凡是有“喝酒”两个字的地方都改成“读书”（　　）

A. 如果　B. 只要　C. 总是　D. 可是

5. 我就知道他也读得差不多了（　　）

A. 很多　B. 很少　C. 差很多　D. 差很少

三、选择与句中加点词语意思相同的一个。

1. 你出什么事了？（　　）

A. 太热了，我出了一身汗。

B. 你给我出个主意吧。

C. 我的电脑出毛病了。

D. 老李已经出院了。

2. 然后凡是有“喝酒”两个字的地方都改成“读书”，不就成了吗？（　　）

A. 这里原来是商店，现在成医院了。

B. 这样做可不成。

C. 我的作业已经完成了。

D. 学生人数少了一成。

成语篇

杞人忧天

阅读要求：共 230 字，阅读时间 4 分钟，答题时间 10 分钟。

1 古时候，杞国①有一个人整天担心天会掉下来，地会陷下去，愁得睡不着觉，吃不下饭。

2 朋友告诉他："天是一团气体，怎么会掉下来呢？"杞人听了，更加担心，忙问："太阳、月亮、星星都挂在气体中，就不会掉下来吗？"朋友只好说："太阳、月亮、星星是气体中发光的东西，即使掉下来，也不会伤人的。"

3 杞人又问："如果地陷下去，那可怎么办？"朋友告诉他："大地是土和石块构成的，非常结实，我们每天在地上走，在地上跑，它也没有陷下去啊！"

4 听了朋友的话，杞人终于放下心来，开始快快乐乐地过日子了。

生 词

杞人忧天 qǐrén-yōutiān	古 gǔ	掉 diào	陷 xiàn
愁 chóu	团 tuán	月亮 yuèliang	挂 guà
构成 gòuchéng	结实 jiēshi	终于 zhōngyú	

注释：

1. 杞国：周朝时的一个诸侯国，在今河南省杞县一带。

读后练习

一、判断正误。

1. 杞人担心自己吃不好睡不好。 （ ）
2. 朋友告诉他，天是气体构成的，地是土和石块构成的。 （ ）
3. 太阳、月亮、星星是被人挂在天上的。 （ ）
4. 千万别在地上跑，地会陷下去的。 （ ）
5. 听了朋友的话，杞人不再担心了。 （ ）

二、选择与句中加点词意思相同的一个。

1. 杞国有一个人整天担心天会掉下来。 （ ）

A. 很多上海的孩子都不会说上海话了。

B. 我们七点出发，不会迟到的。

C. 这孩子真聪明，我一说，他就会了。

D. 现在正在开会，我一会儿打给你。

2.（杞人）愁得睡不着觉，吃不下饭。 （ ）

A. 这件事我们还得商量商量。

B. 得了吧，你说得不对！

C. 你的汉字写得真漂亮！

D. 这次考试小李得了满分。

三、选择正确答案。

1. “即使掉下来，也不会伤人的”的意思是： （ ）

A.（天）如果掉下来，很多人会受伤。

B.（天）如果掉下来，人也不会被伤到。

C.（天）可能掉下来，人也可能受伤。

D.（天）不可能掉下来，所以人不可能受伤。

2. “杞人忧天”这个成语主要告诉我们什么？ （ ）

A. 不要替别人担心

B. 应该多关心朋友

C. 应该相信科学

D. 不应该为不必要的事情担心

单元练习

一、朗读句子，注意加点词语的用法。

1. 从来

他上课从来不迟到。

这个孩子从来没说过谎话。

我从来不向别人借钱。

2. 动词 + 成

小女孩长成了漂亮的姑娘。

我把美元都换成了人民币。

这本小说被翻译成了英语。

3. 只好

朋友们都很忙，我只好一个人去了。

飞机票都卖完了，我只好买了火车票。

这活儿别人都没有做过，只好辛苦你一下了。

4. 千万

事情很重要，你千万别忘了。

外面下雪呢，开车千万要小心。

这是个秘密，你千万不要告诉别人。

5. 凡是

凡是学生，都应该按时上课。

凡是写错的汉字，都写 10 遍。

导游说，凡是第一次来北京旅行的人，都会去故宫和长城。

6. 即使……也……

工作太多，即使加班也做不完。

即使天气不好，他也坚持跑步。

即使很有钱，也不一定过得幸福。

二、给下面的汉字注上拼音，然后选择填空。

长	骑	掉	改	点	放	挂	够	试	愁
______	______	______	______	______	______	______	______	______	______

1. 晾在阳台上的衣服______到楼下去了。
2. 我一定会准时到的，你______心吧。
3. 一年不见，这个孩子又______高了很多。
4. ______自行车一定要注意安全。
5. 孩子这么可爱，学习的事情别太______了。
6. 你好，我下午有事，能把咱们见面的时间______成晚上吗？
7. 小李的房间里______满了足球明星的照片。
8. 最后，他______了______头，说："好吧，我同意你的意见。"
9. 我最近太忙了，老觉得时间不______用。
10. 这是个好机会，我决定______一______。

三、给下面的词语注上拼音，然后选择填空。

立刻	吃惊	遇到	担心	照实	新鲜	结实	构成	答应	高大
______	______	______	______	______	______	______	______	______	______

1. 他没有说谎，________回答了所有问题。
2. 真没想到会在长城上________我的美国朋友。
3. 早上闹钟一响，我就________起床。
4. 我们买这套沙发吧，看起来很________。
5. 每个女孩子都希望找到一位________英俊的白马王子。
6. 现在这种事情很多，一点儿也不________。
7. 李红想去外地上大学，可是父母不________。
8. 听说熊猫也吃肉，大家都很________。
9. 妻子________长胖，所以吃得很少。
10. 每个单元由课文、生词、读后练习、单元练习和 HSK 训练几部分________。

四、选择填空。

1. 真新鲜，这种事情我____没听说过。

   A. 已经　　B. 从来

2. 因为没有买到火车票，我们____自己开车去了。

   A. 只好　　B. 只是

3. 天气预报说明天有大雨，你____别忘了带雨伞。

   A. 千万　　B. 万一

4. 巧克力不能多吃，____对身体不好。

   A. 太多吃　　B. 吃多了

5. ____学过的生词，我都会写。

   A. 总是　　B. 凡是

6. 妈妈：小明，作业做完了吗？

   小明：做得____了，再有 5 分钟就都做完了。

   A. 差不多　　B. 差得远

7. ____今天做不完也没关系，你可以明天接着做。

   A. 即使　　B. 因为

8. 我想了很久，____想出了一个好办法。

   A. 由于　　B. 终于

HSK 拓展训练

一、请选出正确答案。

1. 大熊猫的体形像熊，四肢、肩膀、耳朵和眼睛周围都是黑色的，___（1）___地方是白色的。它会爬树，会翻跟头，胖胖的，___（2）___。它最爱吃的食物是竹子，一只大熊猫一天能吃三四十___（3）___竹子。有时，大熊猫也___（4）___一些小动物吃。

（1）A. 还有　B. 其他　C. 另外　D. 所有

（2）A. 玩儿得太高兴了　B. 真是太可惜了

C. 别提多可爱了　D. 简直开玩笑

（3）A. 条　B. 只　C. 克　D. 斤

（4）A. 拿　B. 抓　C. 取　D. 让

2. 北京的冬天很漫长，从11月初一直到第二年的3月底气温都比较低，___（5）___房间里都有暖气，不冷。一般从11月上旬___（6）___供暖，到第二年的3月中旬停暖气。___（7）___天气情况，有时还会提前供暖___（8）___延长供暖时间。

（5）A. 不过　B. 不但　C. 不是　D. 不用

（6）A. 开始　B. 原来　C. 结束　D. 习惯

（7）A. 参观　B. 根据　C. 了解　D. 发现

（8）A. 又　B. 也　C. 还　D. 或

二、请选出与短文内容一致的一项。

1. 在网上买东西，男人花的钱超过了女人。大多数女人在网上买的是衣服、食品、鞋袜等日常用品，而且价格一般在300元以下；但是男人在网上买的却是电子产品、家具、名牌运动鞋等高价商品。

A. 在网上买东西很方便

B. 女人不喜欢在网上买衣服

C. 男人喜欢在网上买日常用品

D. 男人在网上买东西花的钱更多

2. 昨天我参加了一次朋友的聚会，菜一上来，我刚想动筷子，一位朋友说：“别动，让我拍张照片！”我只好停下了筷子。那位朋友刚拍完，另一位朋友说：“我也得拍一张，给朋友秀一下。”等朋友们都拍完了，菜凉了，我也没有了品尝美食的心情。

A. 昨天我请朋友们品尝了美食

B. 吃饭前我给朋友们拍照片

C. 吃饭前朋友们都先给菜拍照片

D. 昨天我高兴地品尝了各种美食

第2单元

精读篇

儿子不如石头

阅读要求：约440字，阅读时间8分钟，答题时间15分钟。

导　读

中国人认为孝顺很重要。父母年老的时候，子女应该在老人身边照顾他们的生活。但是，课文中的三个儿子却并不孝顺，于是老人想出了一个办法……

读前准备

1. 在你们国家，老年人主要靠什么生活？

儿子	女儿	存款	养老金
老人院	退休金	保险	其他

2. 中国过去有一种说法，叫"养儿防老"，你知道是什么意思吗？

课　文

1　从前，有一对夫妇生了三个儿子。他们生活得很苦，好不容易才把儿子养大。两位老人年纪渐渐大了，不能劳动了，又没有存下多少钱，儿子们对他们很不好。不久，老太太就气病了。

2　后来，老头儿想了一个主意。他把三个儿子叫来，对他们说："我们现在老了，你们的妈妈生病了，我也说不定哪天就会病倒，所以，有一件事我一定要做。"

3　儿子们问："什么事？"

4　老人说："在很远的地方，有个人向我借了很多钱，一直没有还。我要去找他，把钱要回来。"

5　儿子们一听是去要钱，就高兴地说："您快去吧！"

6　过了些日子，老人回来了。他租了两头驴，一头自己骑着，一头驮着一个大箱子。儿子们一见，争先恐后地去搬箱子，箱子很沉。老人说：“把箱子抬到我的床下，我们死以前，谁也不许动这个箱子。”

7 从此以后，儿子们对两位老人的态度完全变了。他们给老人做好吃的，还常常跟老人一起聊天儿、散步。

8 几年以后，两位老人死了。三个儿子都去抢床下的箱子。他们打开箱子一看，里面根本没有钱，满满的都是石头，石头下面还压着一张纸条，上边写着：“儿子不如石头！”

生 词

1. 不如	bùrú	（动）	not as good as
2. 夫妇	fūfù	（名）	husband and wife
3. 养	yǎng	（动）	bring up; provide for
4. 年纪	niánjì	（名）	age
5. 渐渐	jiànjiàn	（副）	gradually
6. 劳动	láodòng	（动）	work; labour
7. 存	cún	（动）	save (up)
8. 主意	zhǔyi	（名）	idea
9. 租	zū	（动）	rent
10. 驴	lǘ	（名）	donkey
11. 驮	tuó	（动）	carry on one’s back
12. 箱子	xiāngzi	（名）	case; box
13. 争先恐后	zhēngxiān-kǒnghòu	（成）	vie with each other to do sth.
14. 抬	tái	（动）	(of two or more persons) carry
15. 态度	tàidù	（名）	attitude
16. 抢	qiǎng	（动）	scramble for; fight for
17. 根本	gēnběn	（副）	at all
18. 满	mǎn	（形）	full; filled
19. 压	yā	（动）	press; put under pressure
20. 纸条	zhǐtiáo	（名）	slip of paper

语言点

一、还（hái / huán）

一般来说，一个汉字只有一个读音。但是有一些汉字有两个或者两个以上的读音，这样的汉字叫“多音字”，比如“我在图书馆借了一本书，还（hái）没有还（huán）”。

◆ 写出下列各句中加点字的正确读音。

1. A. 教室离宿舍很近，上课很方便。（　　）
   B. 学校食堂的菜比外面卖得便宜。（　　）
2. A. 祝大家新年快乐，身体健康。（　　）
   B. 我一听就知道这是中国音乐。（　　）
3. A. 很多老人有睡午觉的习惯。（　　）
   B. 你觉得我穿这件衣服怎么样？（　　）

二、满满

汉语中表示事物性质的单音节形容词 A 可以重叠为 AA。AA 可以做状语（其后加“地”），表示程度深，如“他满满地倒了一杯酒”；也可以做补语（其后加“的”），如“他把书包装得满满的”，也表示程度深。AA 还可以做定语（其后加“的”），做定语时一般不表示程度深，但描写作用很强，多表示喜爱，如“小女孩长着长长的头发、大大的眼睛，很可爱”。此外，AA 有时也做谓语（其后加“的”），具有描写作用，而且前面不能再用表示程度的副词（“很”“非常”等），如“这种酒甜甜的，很好喝”。

◆ 选择合适的词语填空。

A. 轻轻　　B. 美美　　C. 胖胖　　D. 静静

1. 孩子睡着了，妈妈__________地关上房门，走了出去。
2. 房间里__________的，一点儿声音也没有。
3. 女儿举着两只__________的小手，向爸爸跑去。
4. 今天太累了，回家以后，我要__________地睡一觉！

读后练习

一、回答问题。

1. 开始的时候，三个儿子对老人的态度怎么样？为什么？
2. 后来，三个儿子对老人的态度怎么样？为什么？

二、判断正误。

1. 为了把三个儿子养大，这对夫妇过得很辛苦。 (　　)
2. 有个人向老人借了很多钱，但是一直没有还。 (　　)
3. 老人骑着驴，带着箱子去找那个人要钱。 (　　)
4. 老人不让儿子们在他死以前打开箱子。 (　　)
5. 老人死后，儿子们发现箱子里只有一张纸条。 (　　)

三、选择加点词语的正确解释。

1. 他们生活得很苦，好不容易才把儿子养大 (　　)
A. 非常容易　B. 多么容易　C. 很不容易　D. 很是容易

2. 不久，老太太就气病了 (　　)
A. 非常生气　B. 生气极了　C. 生病了　D. 因为生气病了

3. 儿子们一见，争先恐后地去搬箱子 (　　)
A. 然后　B. 抢着　C. 担心　D. 先后

4. 箱子很沉 (　　)
A. 大　B. 黑　C. 重　D. 贵

5. 我们死以前，谁也不许动这个箱子 (　　)
A. 不可以　B. 不可能　C. 不愿意　D. 不打算

四、选择与句中加点词语意思相同的一个。

1. 有个人向我借了很多钱，一直没有还。 (　　)

A. 下午我去图书馆还书。
B. 你喝咖啡还是喝茶？
C. 请问，您还要点儿什么？
D. 我的作业还没有写完呢！

2. 我们死以前，谁也不许动这个箱子。（　　）

A. 你们班的老师是谁？
B. 这是谁的书？
C. 好像谁还没交作业。
D. 谁也不知道他去哪儿了。

五、根据课文内容，选择正确答案。

1.“又没存下多少钱”的意思是：（　　）

A. 存了很多钱
B. 没有存钱
C. 没挣到钱
D. 存的钱很少

2. 下面哪一项与课文内容不符？（　　）

A. 这位老人喜欢说谎
B. 老人为了儿子很辛苦
C. 老人的儿子不孝顺
D. 老人的主意成功了

六、根据课文，按照故事发生的顺序，给下面的句子排序。

1 老人对儿子们说他以前借给一个人很多钱。
□ 老人在箱子里放上石头和纸条。
□ 老人让儿子们把箱子搬到床下。
□ 老人用驴驮着箱子回家。
□ 老人假装去很远的地方找那个人要钱。
□ 老人告诉儿子们：“我死以前不许动箱子。”

七、联系课文，小组讨论下面的问题。

老人去世后，当儿子们打开箱子，看完纸条以后，会怎么想呢？请你讲讲下面的故事。

泛读篇

数学家买西瓜

阅读要求：约 330 字，阅读时间 6 分钟，答题时间 10 分钟。

1 有一次，数学家王先生和太太去买西瓜。卖西瓜的人不称重量，按大小卖。大瓜 30 块一个，小瓜 10 块一个。看到大瓜小瓜的大小差不了多少，大家都抢着买小瓜。王太太也想买小的。

2 王太太说："买小的吧，大的比小的大不了多少，可是价格却比小的贵两倍呢！"

3 王先生说："买大的，买大的比买小的值。"

4 王太太不太明白，王先生笑笑说："你吃西瓜吃的是什么？吃的是体积，不是面积。小瓜的半径是大瓜的三分之二①，可体积还不到大瓜的百分之三十②，当然买大的了。"

5 王太太说："不对，大瓜皮厚，小瓜皮薄，还是买小的值。"

6 王先生摇了摇头，说："你别忘了，三个小瓜有三个瓜皮，大瓜只有一个瓜皮，当然大瓜好。"

7 王太太说："我不管了，听你的，买大的吧！"

8 于是，两个人买了一个大瓜抱着走了。旁边的人都听得目瞪口呆。

——改编自《数学家王元买瓜的故事》

生　词

称 chēng	重量 zhòngliàng	倍 bèi	值 zhí
体积 tǐjī	面积 miànjī	半径 bànjìng	皮 pí
厚 hòu	薄 báo	摇 yáo	管 guǎn
于是 yúshì	目瞪口呆 mùdèng-kǒudāi		

注释：

1. 三分之二："……分之……" 表示分数，"三分之二" 写作 "2/3"。
2. 百分之三十："百分之……" 表示百分数，"百分之三十" 写作 "30%"。

读后练习

一、判断正误。

1. 王先生和他的太太都是数学家。（　　）
2. 大西瓜的价格是小西瓜的三倍。（　　）
3. 一个大西瓜比三个小西瓜的体积大。（　　）
4. 一个大西瓜的瓜皮比三个小西瓜的瓜皮多。（　　）
5. 旁边的人都觉得王先生很聪明。（　　）

二、选择句子的正确解释。

1. 大瓜小瓜的大小差不了多少。（　　）

   A. 大瓜和小瓜一样大　　B. 大瓜比小瓜大得多

   C. 大瓜只比小瓜大一点儿　　D. 大瓜不比小瓜大

2. 买大的比买小的值。（　　）

   A. 买大的没有买小的好　　B. 买大的比买小的好

   C. 买大的不如买小的　　D. 买大的和买小的一样

3.（小瓜）体积还不到大瓜的百分之三十。（　　）

A. 小瓜的体积比大瓜的 30% 小　　B. 小瓜的体积是大瓜的 30%

C. 小瓜的体积比大瓜的 30% 大　　D. 小瓜的体积只有大瓜的 30%

4. 我不管了，听你的。（　　）

A. 我听不懂，你帮我听一下　　B. 我不明白，你再说一遍

C. 你的办法太好了，就这么办　　D. 我没意见，按你说的办

5. 旁边的人都听得目瞪口呆。（　　）

A. 旁边的人听了都很吃惊，呆住了　　B. 旁边的人听了都很生气

C. 旁边的人听了都很担心　　D. 旁边的人听了都很高兴

成语篇

画蛇添足

阅读要求：约 220 字，阅读时间 4 分钟，答题时间 10 分钟。

1　古时候，有个贵族[1]请他的门客[2]们喝酒。门客很多，可贵族只给了一壶酒。一壶酒只够一个人喝，怎么办呢？

2　门客们想了一个办法：他们比赛画蛇，谁先画好，谁就喝这壶酒。

3　有一个门客先画好了蛇。他左手拿起酒壶，右手却继续画，还得意扬扬地说："我再给蛇添上几只脚吧！"

4　没等他把脚画完，另一个门客已经把蛇画好了。那个门客一把抢过酒壶，说："蛇没有脚，你给它画上脚，还是蛇吗？"说完，他一口气把壶里的酒喝光了。

5　蛇本来没有脚，给蛇画脚的人当然就不应该喝酒了。

生　词

蛇 shé	添 tiān	壶 hú	够 gòu
继续 jìxù	得意扬扬 déyì-yángyáng	一口气 yīkǒuqì	

注释：

1. 贵族：古代享有特权的上层社会的人。
2. 门客：古代贵族家里养的帮忙的人，有的帮助出主意，有的帮助保护贵族。

读后练习

一、判断正误。

1. 贵族给门客们每人一壶酒。（　　）
2. 大家决定让先画好蛇的门客喝酒。（　　）
3. 门客们左手拿着酒壶，右手画蛇。（　　）
4. 先画好蛇的门客一边喝酒一边给蛇画脚。（　　）
5. 第二个画好蛇的门客喝了那壶酒。（　　）

二、选择与句中加点词语意思相同的一个。

1. 那个门客一把抢过酒壶，……（　　）
   - A. 请把手机关上。
   - B. 桌子前边有一把椅子。
   - C. 警察一把抓住了小偷。
   - D. 千万别把我忘了。

2. 他一口气把壶里的酒喝光了。（　　）
   - A. 光太强了，眼睛很不舒服。
   - B. 他半个月就花光了一个月的生活费。

C. 每个月光房费就要 3000 多块。

D. 欢迎光临，请问，您需要点儿什么？

三、根据课文内容，选择正确答案。

1.“谁先画好，谁就喝这壶酒”的意思是：（　　）

A. 画得好的人可以喝这壶酒　　B. 谁先画完，谁先开始喝酒

C. 大家都画好以后才能喝酒　　D. 先画完的人可以喝这壶酒

2.“画蛇添足”这个成语主要告诉我们什么？（　　）

A. 不应该做多余的事情　　B. 做事不能太认真

C. 多做事情，才有好处　　D. 做事时要多想想别人

单元练习

一、朗读句子，注意加点词语的用法。

1. 不如

我的汉语不如你说得好。

姐姐不如妹妹漂亮。

自己开车去容易堵车，还不如坐地铁呢。

2. 渐渐

雨渐渐小了。

孩子们渐渐长大了。

我渐渐适应了北京的生活。

3. 说不定

今天说不定会下雨，你带上雨伞吧。

别等了，说不定她今天不来了。

你试试，说不定能考上。

4. 不许

公共汽车上不许吸烟。

这个路口不许左转。

不许动，把手举起来。

5. 根本

我根本不认识他。

她根本没去过中国。

你说得太快了，我根本听不懂。

6. ……比……＋形容词＋不了多少

哥哥比弟弟高不了多少。

这件大衣比那件大衣贵不了多少。

这条路比那条路近不了多少。

二、给下面的汉字注上拼音，然后选择填空。

养	抢	抬	存	搬	租	压	添	称	值
______	______	______	______	______	______	______	______	______	______

1. 上课的时候，学生们都______着回答问题。
2. 你试试，“日”字______一笔，能变成哪些汉字？
3. 现在的年轻人不喜欢______钱，挣多少花多少。
4. 我已经很久没有______体重了。
5. 妈妈一个人把我和弟弟______大，很辛苦。
6. 买名牌太贵了，我觉得不______。
7. 我们用了很大力气才把这个箱子______上楼。
8. 字典下面______着一张纸条。
9. 这个房子不是我买的，是我______的。
10. 我现在住的地方离公司太远，我打算______到近一点儿的地方。

三、给下面的词语注上拼音，然后选择填空。

劳动	态度	根本	纸条	比赛	继续	重量	年纪	得意	面积
______	______	______	______	______	______	______	______	______	______

1. 这家饭店的服务员________都很好。
2. 她经常卖西瓜，不用称就能知道每个瓜的大概________。
3. 我的房间________不大，可是很漂亮。
4. 他这个人经常说谎，他说的话，我________不相信。
5. 我们休息了一会儿，又________往山上爬。
6. 爷爷奶奶________大了，走不了远路。
7. 他考试得了第一名，________扬扬地回了家。
8. 考试的时候，他把答案写在________上给同桌，被老师发现了。
9. 小时候我常常和朋友________，看谁跑得快。
10. 家长应该让孩子做一些简单的家务________。

四、选择填空。

1. 我的汉语说得____你，你是怎么练习口语的？

A. 不如　　B. 没有

2. 我排了很长时间，____才买到票。

A. 很容易　　B. 好不容易

3. 春天到了，天气____暖和起来了。

A. 常常　　B. 渐渐

4. 你的____不错，就这么定了。

A. 主意　　B. 意思

5. 别等了，____他已经自己去了。

A. 不一定　　B. 说不定

6. 在高铁上____吸烟。

A. 不许　　B. 也许

7. 我____打算今天去爬山的，谁知下雨了。

A. 根本　　B. 本来

8. 这两个箱子的重量____多少。

A. 差不了　　B. 大不了

HSK 拓展训练

一、请选出正确答案。

1. 筷子是中国、日本、韩国的传统__（1）__具，到今天已经有 3000 多年的历史了。中国、日本、韩国的筷子各不相同。中国筷子后方前圆，多__（2）__木头和竹子制成；日本筷子头很__（3）__，吃鱼很方便；韩国筷子大多是钢制的，又扁又细，这是因为，韩国人多吃盖饭，一般用勺子吃，筷子只是用来__（4）__泡菜的。

（1）A. 餐　B. 工　C. 用　D. 吃

（2）A. 从　B. 在　C. 把　D. 用

（3）A. 大　B. 粗　C. 尖　D. 圆

（4）A. 拿　B. 夹　C. 加　D. 挑

2. 生活在大城市，工作压力大是很正常的__（5）__。公司对你有要求，同事对你有要求，家庭对你有要求，你对你__（6）__也有要求，所以__（7）__，没有压力，生活__（8）__会失去动力。

（5）A. 理由　B. 活动　C. 事情　D. 关系

（6）A. 别人　B. 他人　C. 人民　D. 自己

（7）A. 要锻炼身体　B. 有压力很正常
C. 人生是短暂的　D. 有什么别有病

（8）A. 而且　B. 但是　C. 然而　D. 反倒

二、请选出与短文内容一致的一项。

1. 要价 150 万元的不是房子，也不是汽车，而是一个 7 个“8”连号的手机号。张先生是 1xx58888888 手机号的主人，他表示，这个号码是他三年前买的，当时花了 50 万。现在虽然要价 150 万，但他还是有点儿舍不得卖，因为他实在太喜欢这个号码了。

A. 张先生的手机号要卖 150 万元

B. 张先生的手机号是 8888888

C. 张先生的手机打算卖 150 万元

D. 张先生不喜欢他的手机号

2. 今天傍晚，本市有小雨，受连续降雨的影响，气温略有下降，最高气温 28 度，最低气温 19 度，东南风 3 ～ 4 级。明天小雨转阴，东南风 3 ～ 4 级，最高气温 31 度，最低气温 23 度。到了后天，天气转晴，东北风 4 ～ 5 级，最高气温 24 度，最低气温 15 度。

A. 今天、明天、后天都有雨

B. 今天、明天、后天都刮东南风

C. 明天的气温比今天高

D. 后天天气晴，气温上升很快

第 3 单元

精读篇

三个和尚

阅读要求：约 410 字，阅读时间 7.5 分钟，答题时间 15 分钟。

导　读

俗话说“人多力量大”，但是有时候人越多，事情反而越做不好，因为每个人都想自己少做，让别人多做。课文中的“三个和尚”就是这样，后来一场大火让他们明白了：只有大家一起努力，才能把事情做好。

读前准备

1. 下面这些中国有名的佛教寺庙，你听说过吗？请将寺名与所在地名连起来。

白马寺	拉萨
大昭寺	登封
少林寺	苏州
寒山寺	北京
卧佛寺	洛阳

2. 你认为大家一起做一件事时，最重要的是什么？

课　文

1　从前，有一座山，山上有一座庙，庙里有个小和尚。他每天一大早就用扁担挑着两只水桶下山去打水，把庙里的水缸装得满满的，然后打扫寺庙，烧香念经，生活得安稳自在。

2　不久，庙里又来了一个高个子和尚。他一到庙里，就把缸里的水喝了一半。小和尚叫他去挑水，高和尚心想：一个人去挑水，太吃亏了！

3　高和尚让小和尚跟他一起下山去抬水。两个人只能抬一桶水，而且水桶必须放在扁担的中间，两人才不会争吵。庙里的水缸最多只有半缸水，不过他们总算还有水喝。

4 后来，又来了一个胖和尚。他想喝水，可正巧缸里没有水。小和尚和高和尚就叫他自己去挑，胖和尚挑来水，一个人喝光了。

5 缸里的水干了，可是三个和尚你让我去，我让他去，谁也不去挑水，结果他们只能渴着。

6 三个和尚各念各的经，各敲各的木鱼。夜里老鼠出来偷吃供品，三个和尚谁也不管。结果老鼠打翻了蜡烛台，庙里着了大火。三个和尚一起到山下打水，拼命扑灭了大火。

7 从此，三个和尚齐心协力，庙里香火也越来越旺了。

生 词

1. 扁担	biǎndan	（名）	carrying pole
2. 挑	tiāo	（动）	tote (with a carrying pole)
3. 缸	gāng	（名）	vat; jar; crock
4. 装	zhuāng	（动）	put into
5. 寺庙	sìmiào	（名）	temple
6. 烧	shāo	（动）	burn
7. 香	xiāng	（名）	joss stick
8. 念经	niànjīng	（动）	chant scriptures
9. 安稳	ānwěn	（形）	stable; peaceful
10. 吃亏	chīkuī	（动）	suffer losses
11. 争吵	zhēngchǎo	（动）	quarrel; wrangle
12. 干	gān	（形）	waterless; empty
13. 敲	qiāo	（动）	knock; beat
14. 木鱼	mùyú	（名）	wooden fish; Chinese temple block
15. 偷	tōu	（动）	steal
16. 翻	fān	（动）	overturn
17. 蜡烛台	làzhútái	（名）	candlestick

18. 着火	zháohuǒ	（动）	catch fire
19. 扑灭	pūmiè	（动）	put out (a fire)
20. 齐心协力	qíxīn-xiélì	（成）	work as one
21. 香火	xiānghuǒ	（名）	joss sticks and candles burning at a temple
22. 旺	wàng	（形）	flourishing; prosperous

语言点

一、挑水、抬水

“挑”是把东西挂在扁担两边，用肩膀担着；“抬”是用手或肩膀搬东西。在英语里用同一个动词表达的意思，在汉语里可能会因为工具、方式或对象不同，而使用不同的动词，如“play basketball（打篮球）”“play football（踢足球）”“play chess（下棋）”等。使用这类动词时，一定要注意动词和宾语的搭配。

◆ 区分“送 / 发 / 寄”“闭 / 合 / 关”两组词，并选择填空。

1. 妈妈给我____了一箱东西，邮局说不能____到宿舍，让我自己去邮局取。
2. 我给你____了一封电子邮件，你收到了吗？
3. 风太大了，我们把窗户____上吧。
4. 请大家____上书，____上眼睛休息一下。

二、吃亏

“吃亏”的意思是“受到损失或者处于不利的地位”，如“决不能让好人吃亏”“找工作时，他吃了英语不好的亏”。汉语中有很多跟“吃”有关的俗语，常见的有“吃老本、吃醋、吃香、吃闲饭”等。

◆ 不查词典，试着将下面的俗语与意思连起来。

1. 吃醋	A. 只吃饭不做事
2. 吃香	B. 靠以前的知识、本领等过日子
3. 吃老本	C. 受欢迎
4. 吃闲饭	D. 嫉妒别人，多指男女感情

读后练习

一、回答问题。

1. 小和尚一个人的时候怎么打水？水缸里有多少水？
2. 高和尚和小和尚怎么打水？水缸里有多少水？
3. 胖和尚来了以后，三个和尚怎么打水？水缸里有多少水？

二、判断正误。

1. 小和尚一个人的时候每天都挑水、打扫、烧香、念经。 （ ）
2. 胖和尚帮大家挑过一次水，后来就不挑了。 （ ）
3. 三个和尚让老鼠随便吃他们的饭菜。 （ ）
4. 庙里着火是因为老鼠打翻了蜡烛台。 （ ）
5. 大火扑灭以后，和尚们才睡醒。 （ ）

三、选择加点词语的正确解释。

1. ……生活得安稳自在 （ ）

A. 独立自信　B. 只管自己　C. 自由舒服　D. 自己正在

2. 庙里的水缸最多只有半缸水，不过他们总算还有水喝 （ ）

A. 一共　B. 打算　C. 还算　D. 总是

3. 小和尚和高和尚就叫他自己去挑 （ ）

A. 说　B. 把　C. 问　D. 让

4. 夜里老鼠出来偷吃供品，三个和尚谁也不管 （ ）

A. 给神佛的食物　B. 给皇帝的物品
C. 给和尚的食物　D. 庙里的物品

5. 三个和尚一起到山下打水，拼命扑灭了大火 （ ）

A. 认认真真　B. 十分小心　C. 用尽全力　D. 失去了生命

四、选择与句中加点词语意思相同的一个。

1. 缸里的水干了…… （　　）

A. 为我们的友谊干杯。

B. 你昨天下午干什么去了？

C. 这棵树的树干很粗。

D. 洗衣机洗得不干净，用手洗吧。

2. 结果老鼠打翻了蜡烛台，庙里着了大火。 （　　）

A. 我把课文翻成了英语。

B. 我在书包里翻了半天，才找到学生证。

C. 我翻了翻，这本小说写得还不错。

D. 小心，小心！别把汤打翻了。

五、根据课文内容，选择正确答案。

1. 高和尚和小和尚常常为什么争吵？ （　　）

A. 扁担不在水桶中间

B. 水桶不在扁担中间

C. 水桶不在扁担上

D. 扁担放在水桶上

2. “三个和尚各念各的经，各敲各的木鱼”的意思是： （　　）

A. 三个和尚一起念经，一起敲木鱼

B. 三个和尚有的念经，有的敲木鱼

C. 三个和尚不一起念经、敲木鱼

D. 三个和尚都不再念经、敲木鱼了

3. 下面哪一项与课文内容不符？ （　　）

A. 每个人都想自己少做，让别人多做

B. 齐心协力才能把事情做好

C. 有时候一个人反而能把事情做好

D. 和尚们的生活很苦，连喝的水都没有

六、联系课文，小组讨论下面的问题。

“一个和尚挑水喝，两个和尚抬水喝，三个和尚没水喝”，在生活中你见过这样的现象吗？

泛读篇

国王选驸马

阅读要求：约 340 字，阅读时间 6 分钟，答题时间 10 分钟。

1 从前，有一位国王，他的王国非常强大。可是最近他有一个烦恼，他最喜欢的小女儿要成年了，这也就是说，他要给小公主找一位驸马。

2 怎么才能找到王国里最勇敢的年轻人呢？国王想了一个办法，他让候选者比赛，第一名不仅可以娶他的女儿，还可以得到一大笔钱。比赛那天，所有候选者都被带到一个放满鳄鱼的水池旁边。

3 国王先让人把一头狮子放到水池里，不一会儿，狮子就被鳄鱼吃得只剩骨头了。

4 国王这时高声说道：“谁第一个游过去，我就把我的女儿嫁给他！”国王的话刚说完，只听“啪”的一声，一个年轻人跳进了水池，他游得飞快，不一会儿就游到了对岸。

5 年轻人爬上岸以后，国王高兴地走过去，对他说：“你真勇敢！你就是我的驸马了。”年轻人气急败坏地问：“但是，我现在要知道的是，刚才是哪个混蛋把我推下去的！”

6 看来，这位国王是弄巧成拙了。

生　词

驸马 fùmǎ	王国 wángguó	强大 qiángdà	烦恼 fánnǎo
勇敢 yǒnggǎn	候选者 hòuxuǎnzhě	鳄鱼 èyú	水池 shuǐchí
狮子 shīzi	剩 shèng	骨头 gǔtou	嫁 jià
啪 pā	岸 àn	气急败坏 qìjí-bàihuài	混蛋 húndàn
弄巧成拙 nòngqiǎo-chéngzhuō			

读后练习

一、判断正误。

1. 这位国王的王国很强大，可是只有一个女儿。（　　）
2. 狮子不小心掉到鳄鱼池里，被吃掉了。（　　）
3. 年轻人自己跳进水池，很快游到了对岸。（　　）
4. 国王说要把自己的女儿嫁给那个年轻人。（　　）
5. 年轻人想知道是谁把他推进了水池。（　　）

二、选择加点词语的正确解释。

1. 他（国王）要给小公主找一位驸马（　　）

   A. 有钱的男人　　B. 国王女儿的丈夫

   C. 国王的妻子　　D. 勇敢的年轻人

2. 他让候选者比赛（　　）

   A. 参选的人　　B. 选上的人　　C. 等候的人　　D. 取胜的人

3. 不一会儿，狮子就被鳄鱼吃得只剩骨头了（　　）

   A. 不是一会儿　　B. 等一会儿　　C. 很长时间　　D. 不到一会儿

4. 他游得飞快（　　）

   A. 飞得很快　　B. 越游越快　　C. 游得不算快　　D. 游得非常快

5. 年轻人气急败坏地问（　　）

   A. 非常吃惊　　B. 非常害怕　　C. 又气又急　　D. 非常紧张

三、根据课文内容，选择正确答案。

1. 什么样的人可以做驸马？（　　）

A. 有一大笔财富的人

B. 参加比赛取胜的人

C. 游泳游得飞快的人

D. 国王女儿喜欢的人

2. “弄巧成拙”这个成语的意思是：（　　）

A. 想办法骗人

B. 耍小聪明，结果误了事

C. 把假的当成了真的

D. 分不清楚好坏

成语篇

此地无银三百两

阅读要求：约 280 字，阅读时间 5 分钟，答题时间 10 分钟。

1　从前有一个叫张三的人，好不容易存了三百两银子。他担心银子被偷了，就把银子埋在自己家的院子里。埋好以后，他还是觉得不安全，于是就在上面插了一块牌子，牌子上写着“此地无银三百两”，他以为这样会更安全。

2　没想到，这一切都被隔壁的王二看到了。这天，王二看到张三出门了，就偷偷地把银子挖了出来。他怕张三发现是自己偷了银子，就在牌子上写上“隔壁王二不曾偷”，然后带着银子高高兴兴地回家了。

3　张三回来发现银子不见了，很生气，又看了看牌子，忽然很得意地说：“我知道银子是谁偷的了。”

4　于是，张三在村子里边走边喊："村子里的人听着，除了王二以外，你们都是小偷，快把我的银子还给我！"

生　词

银子 yínzi	埋 mái	院子 yuànzi	安全 ānquán
插 chā	牌子 páizi	一切 yīqiè	隔壁 gébì
挖 wā	曾 céng	忽然 hūrán	得意 déyì

读后练习

一、判断正误。

1. 张三很有钱，非常容易地存了三百两银子。（　）
2. 为了安全，张三把银子埋在了院子里。（　）
3. 王二听说张三的院子里埋着银子。（　）
4. 王二不但偷走了银子，还偷走了牌子。（　）
5. 张三告诉村子里的人王二是小偷。（　）

二、选择句子的正确解释。

1. 此地无银三百两。（　）

A. 这里是三百两银子。

B. 这块地卖三百两银子。

C. 这里的银子不到三百两。

D. 这里没有三百两银子。

2. 隔壁王二不曾偷。（　）

A. 王二的邻居是小偷。

B. 邻居王二没有偷过。

C. 邻居王二偷了银子。

D. 王二的邻居没有偷。

3. 除了王二以外，你们都是小偷。 (　　)

A. 你们都是小偷，只有王二不是小偷。

B. 王二是小偷，你们也是小偷。

C. 王二是小偷，你们都不是小偷。

D. 除了王二以外，你们也是小偷。

三、根据课文内容，选择正确答案。

1. “此地无银三百两”是什么意思？ (　　)

A. 越有钱的人越笨

B. 想不让人知道，结果反而让人知道了

C. 越聪明的人，越常做笨的事情

D. 有时候聪明的人也会做笨的事情

2. 课文中哪个做法很笨？ (　　)

A. 张三在牌子上写“此地无银三百两”

B. 王二偷银子后留言“隔壁王二不曾偷”

C. 张三根据留言判定王二不是小偷

D. 以上三项都是

单元练习

一、朗读句子，注意加点词语的用法。

1. 一……就……

开车很简单，一学就会。

你一到北京，就马上给家里打个电话。

他一听就急得大哭起来。

2. 总算

这次考试，成绩总算还不错。

宿舍条件不太好，但总算干净。

主任对我的工作总算还满意。

3. 结果

他学习不努力，结果没通过考试。

出门时我忘了带伞，结果赶上了大雨。

他穿得太少，结果冻感冒了。

4. 各……各的……

考试的时候，请大家各答各的试题，不要看别人的。

我们分手吧，从今天起，各走各的路。

两个人各有各的道理，谁也说服不了谁。

5. 不仅……，还……

她不仅聪明，还很漂亮。

这件衣服不仅好看，还很便宜。

文化课不仅能学到知识，还很有意思。

6. 于是

麦克听朋友说了在北京旅行的经历，于是决定去中国留学。

我们都喜欢运动，也都在学汉语，于是很快成了朋友。

他刚出门，就发现忘了带手机，于是又回去拿。

二、给下面的汉字注上拼音，然后选择填空。

插	偷	挖	念	管	剩	挑	敲	装	选
______	______	______	______	______	______	______	______	______	______

1. 我们________他当班长。
2. 农民把土豆从地里________了出来。
3. 这个箱子里________的是什么？为什么这么重？
4. 大学毕业以后，我打算继续________研究生。
5. 这个学生上课玩儿手机，老师________他，他还不听。
6. 昨天在街上，我的钱包被人______走了。
7. 我们把花儿______在花瓶里吧。
8. 菜点多了，______下了很多，打包带回家吧。
9. 小和尚一个人______水，虽然很辛苦，可是很快乐。
10. 我______了半天门，也没有人开门。

三、给下面的词语注上拼音，然后选择填空。

争吵	勇敢	吃亏	总算	兴旺	安稳	正巧	得意	忽然	安全
______	______	______	______	______	______	______	______	______	______

1. 个子不高的人打篮球比较________。
2. 他考了两次都没通过，这次________及格了。
3. 我给小张打电话，________他也准备打给我。
4. 你们不要________了，还是想想问题怎么解决吧。
5. 通过辛勤的劳动，小店越来越________了。
6. 这么晚了，女孩子一个人出去不________。
7. 听到老师表扬他学习有进步，孩子________地笑了。
8. 看到有人落水，他________地跳下去救人。
9. 刚才她还高高兴兴的，怎么________生气了？
10. 大学一毕业他就找到了一份满意的工作，过上了________的生活。

四、选择填空。

1. 有的大学生____下课____去打工，根本没时间学习。

A. 先……然后……　　B. 一……就……

2. 放学后，他先写作业，____高高兴兴地找朋友玩儿去了。

A. 然后　　B. 后来

3. 这条高速公路修好了，____这里交通更方便了。

A. 从前　　B. 从此

4. 大家一起努力，不一会儿____把房间打扫干净了。

A. 就　　B. 才

5. 大学毕业后，他在北京没找到工作，____就回老家了。

A. 于是　　B. 可是

6. 我____你去旅行了，原来你没去啊。

A. 认为　　B. 以为

7. 两天前，这里____发生过一起严重的交通事故。

A. 曾　　B. 将

8. ____汉语以外，小王还会说日语和英语。

A. 除了　　B. 为了

HSK 拓展训练

一、请选出正确答案。

1. 北京有名儿的胡同三千六，没名儿的胡同__（1）__。“胡同”这个词来自蒙古语，是“水井”的__（2）__。北京的胡同名儿很有意思：大雅宝胡同原来叫大哑巴胡同，是因为胡同里__（3）__住过一个哑巴；高义伯胡同原来叫狗尾巴胡同，是因为胡同的__（4）__有点儿像狗尾巴。

（1）A. 数不清　B. 听不见　C. 看不清　D. 记不住

（2）A. 意义　B. 样子　C. 意思　D. 地方

（3）A. 经常　B. 曾经　C. 已经　D. 现在

（4）A. 主人　B. 房子　C. 颜色　D. 形状

2. 随着生活水平的提高，人们的各项消费不断增加，生活垃圾也越来越__（5）__。对待日益增多的生活垃圾，最好的办法就是进行__（6）__回收，把相同种类的垃圾__（7）__，使垃圾变成一种可以重新__（8）__的资源。

（5）A. 忙　B. 多　C. 快　D. 高

（6）A. 分类　B. 种类　C. 共同　D. 分级

（7）A. 分开投放　B. 投放在一起
C. 好好保存　D. 传递下去

（8）A. 成功　B. 呼吸　C. 利用　D. 服务

二、请选出与短文内容一致的一项。

1. 小丽特别喜欢在网上买衣服，而且总能找到买的理由。那天，小丽又买了一件宽松的风衣，她说：“黑色是永远的流行色，能穿很多年，而且胖了也可以穿。”过了一会儿，她买的一条紧身裤也到了，她说：“这件买得也合适，买了它，我就可以强制自己减肥了。”

A. 小丽很喜欢逛商店

B. 小丽买了黑色的宽松风衣

C. 小丽很瘦，所以买了紧身裤

D. 小丽在网上买的衣服很便宜

2. 孩子吃零食最好安排在两顿饭之间，以免影响孩子吃饭时的食欲。孩子每天吃零食的次数应控制在 3 次以内，零食量不宜太大。不要让孩子边看电视边吃零食，这样容易吃得过多，导致肥胖。此外，还要避免临睡前给孩子吃零食。

A. 孩子最好在吃饭时吃零食

B. 孩子每天可以吃 3～4 次零食

C. 孩子一边吃零食一边看电视容易长胖

D. 孩子应该在睡觉前吃零食

第4单元

精读篇

给猫拴铃铛

阅读要求：约450字，阅读时间8分钟，答题时间15分钟。

导 读

世界上有很多事情都是“说起来容易，做起来难”。有些人喜欢讲空话，说大话，他们说得很漂亮，但是根本做不到。课文中的老鼠们想出了一个对付猫的办法，但是却没有老鼠敢去做。办法再好，做不到，又有什么用呢？

读前准备

1. 下面哪些是猫的特点？哪些是老鼠的特点？

A. 视力很差	B. 喵喵叫	C. 爱咬东西	D. 会挖洞
E. 眼睛很大	F. 吱吱叫	G. 爱抓东西	H. 会捕猎

2. 很多国家都有关于老鼠和猫的故事，请你试着讲一个。

课 文

1 房子里住着一只勤劳的猫和一群爱偷吃的老鼠。老鼠们受猫欺负不知多少日子了，这一天他们又聚在一起商量对付猫的办法。

2 一只大老鼠先说：“我们白天躲着，夜里出来，已经够小心的了，可还是免不了受猫欺负。我们一定要想个好办法，保证永远不再受猫的欺负，才可以安心地过日子。”

3 于是，这群老鼠七嘴八舌地商量起来，有这样说的，有那样说的，可是这些办法总是有让人不满意的地方。

4 一只年轻的老鼠说道：“只要在猫的脖子上拴一个铃铛，猫一动，我们听见铃铛的声音，就可以逃走了。你们说这个办法怎么样？”这群老鼠听了，都拍手叫道：“太妙了，真是个好主意！”老鼠们都高兴得很，觉得这样就不会再被猫欺负了。

5 只有一只年长的老鼠不言不语，不说好也不说不好。大家都问他："你不说话，是不是觉得这个办法不好啊？"年长的老鼠回答："这个办法好是好，但不知道谁敢去把铃铛拴到猫脖子上呢？"这群老鼠听了，你看我，我看你，一句话也说不出来。

6 唉，像这只老鼠一样讲空话的人世界上有很多，话说得好听，但是却做不到。即使让那只出主意的老鼠自己去做，它也一定是不敢的。

生 词

1. 拴	shuān	（动）	tie; fasten
2. 铃铛	língdang	（名）	bell
3. 勤劳	qínláo	（形）	diligent; industrious
4. 群	qún	（量）	group; herd
5. 老鼠	lǎoshǔ	（名）	mouse; rat
6. 受	shòu	（动）	bear; endure; put up with
7. 欺负	qīfu	（动）	bully
8. 聚	jù	（动）	gather
9. 对付	duìfu	（动）	deal with; cope with
10. 躲	duǒ	（动）	hide
11. 保证	bǎozhèng	（动）	ensure; guarantee
12. 永远	yǒngyuǎn	（副）	forever
13. 七嘴八舌	qīzuǐ-bāshé	（成）	all talking in confusion
14. 只要	zhǐyào	（连）	if only; as long as
15. 脖子	bózi	（名）	neck
16. 逃走	táozǒu	（动）	escape
17. 拍	pāi	（动）	clap; pat
18. 妙	miào	（形）	wonderful; excellent
19. 敢	gǎn	（助动）	dare
20. 即使	jíshǐ	（连）	even if

语言点

一、群

在汉语里，数词一般不能直接与名词连用，中间要加表示事物数量的词，即量词。其中，用于个体事物的量词叫个体量词，用于由两个及以上的个体组成的事物的量词，叫集合量词。“群”是集合量词，用于聚集在一起的很多人或动物，如“一群羊、一群中学生”等。常用的集合量词有：“对、双、副”表示双数，“套”表示成套的物品，“把、束”表示捆在一起的长条物品。

◆ 选择合适的量词填空。

A. 副　　B. 套　　C. 束　　D. 群

1. 这________书一共四本，我都看过。
2. 草地上有一________孩子跑来跑去。
3. 这________黑色的皮手套是谁的？
4. 今天是母亲节，我打算买一________花送给妈妈。

二、不言不语

“不言不语”的意思是“不说话”。“不……不……”主要有三种用法：A. 中间插入意思相近或相同的单音节动词，表示否定，如“不言不语、不吃不喝、不知不觉”；B. 中间插入意思相反的单音节形容词，表示正好合适，如“不冷不热、不大不小”；C. 中间插入意思相反的单音节名词或方位词，表示既不是这个也不是那个，是一种不满意的中间状态，如“不男不女、不上不下”等。

◆ 选择合适的词语填空。

A. 不知不觉　　B. 不大不小　　C. 不冷不热　　D. 不上不下

1. 北京秋天的天气________，非常舒服。
2. 时间过得真快，________我来北京已经一个月了。
3. 电梯突然坏了，停在了三层和四层之间，________的，门打不开。
4. 这件衣服________，你穿正合适，买一件吧。

读后练习

一、回答问题。

1. 老鼠们常聚在一起商量什么事情?
2. 老鼠们想出的对付猫的“好办法”是什么?
3. 这个“好办法”最大的问题是什么?

二、判断正误。

1. 虽然老鼠们非常小心，但还是会被猫欺负。 (　　)
2. 所有的老鼠都觉得年轻老鼠的主意非常妙。 (　　)
3. 年长的老鼠不言不语是因为它不知道这个办法好不好。 (　　)
4. 这群老鼠一句话也说不出来是因为它们都不敢去给猫拴铃铛。 (　　)
5. 老鼠们让出主意的年轻老鼠去拴铃铛，但是它逃跑了。 (　　)

三、选择加点词语的正确解释。

1. 我们白天躲着，夜里出来，已经够小心的了 (　　)

   A. 一直小心　B. 比较小心　C. 不太小心　D. 非常小心

2. 可还是免不了受猫欺负 (　　)

   A. 去不了　B. 来不了　C. 少不了　D. 好不了

3. 老鼠们都高兴得很，觉得这样就不会再被猫欺负了 (　　)

   A. 应该高兴　B. 高兴极了　C. 高兴起来　D. 这么高兴

4. 只有一只年长的老鼠不言不语 (　　)

   A. 不会说话　B. 说不出来　C. 没有语言　D. 不说话

5. 像这只老鼠一样说空话的人世界上有很多 (　　)

   A. 听不明白的话　B. 没意思的话

   C. 无法实现的话　D. 开玩笑的话

6. 话说得好听，但是却做不到 (　　)

   A. 实现不了　B. 不想去做　C. 不愿意做　D. 做不完

四、选择与句中加点词语意思相同的一个。

1. 我们一定要想个好办法，保证永远不再受猫的欺负，才可以安心地过日子。（ ）

A. 时间过得真快，转眼我已经毕业一年了。

B. 来中国以前，我学过一年汉语。

C. 我今天早上睡过头了。

D. 过期的牛奶不能喝了，倒了吧。

2. 这群老鼠听了，都拍手叫道："太妙了，真是个好主意！"（ ）

A. 这条道常常堵车，我们走别的路吧！

B. 常言道：便宜没好货，好货不便宜。

C. 听说小李正在学习茶道，真的吗？

D. 第二道题太难了，我没做出来。

五、根据课文内容，选择正确答案。

1. "老鼠们受猫欺负不知多少日子了"的意思是：（ ）

A. 老鼠们不知道猫会欺负他们

B. 猫欺负老鼠们已经很久了

C. 老鼠们已经习惯被猫欺负了

D. 老鼠们再也不想被猫欺负了

2. "这群老鼠听了，你看我，我看你"的意思是：（ ）

A. 老鼠们听了以后都互相看

B. 你也看老鼠，我也看老鼠

C. 老鼠们一边听一边看

D. 老鼠们听了以后都看着自己

3. 下面哪一项与课文内容不符？（ ）

A. 没有老鼠愿意去给猫拴铃铛

B. 这群老鼠里，年长的老鼠最聪明

C. 只有聪明的老鼠才不会受欺负

D. 有些人话说得好听，却做不到

六、联系课文，小组讨论下面的问题。

“给猫拴铃铛”的主意失败了，老鼠们又会想出什么对付猫的办法呢？请你把故事继续讲下去。

泛读篇

说真话

阅读要求：约350字，阅读时间6分钟，答题时间10分钟。

1 如果一天不说谎话，只说真话，会怎样？我决定今天试一试。

2 早上，妻子问我：“你看，我最近是不是胖了？”我认真地告诉她：“你真该减肥了，你的腰越来越像水桶了。”妻子摔门而去。

3 到了公司，又是开会。主任让我说两句，我说：“做点儿实际的事情，比开会有用多了。”主任听了，脸色铁青。

4 中午，一位大学同学打来电话。我们毕业十多年了，上周同学聚会时见过面。电话里，她说：“这么多年没见，你还是那么帅。”我遗憾地告诉她：“你变化真大！你以前可是有名的校花。”老同学沉默了一会儿，说了声“再见”。

5 晚上，我去医院看一位生病的好友。人们告诉他得的是胃炎。临走时，好友拉着我的手，问：“你告诉我实话吧，我得了什么病？”我握着他的手，说：“你得的是胃癌。”说完，我跑出了病房。这是我今天说的最该死的一句真话。

——改自孙道荣《一天不说谎》

生　词

谎话 huǎnghuà	减肥 jiǎnféi	腰 yāo	水桶 shuǐtǒng
摔 shuāi	主任 zhǔrèn	实际 shíjì	铁青 tiěqīng
聚会 jùhuì	遗憾 yíhàn	沉默 chénmò	胃炎 wèiyán
握 wò	胃癌 wèi'ái		

读后练习

一、判断正误。

1. 妻子最近胖了，特别是腰粗了。 （ ）
2. 我不喜欢开会，因为我不喜欢发言。 （ ）
3. 上周我和大学同学聚会了。 （ ）
4. 我的老同学年轻的时候很漂亮。 （ ）
5. 好友得了胃癌，但人们都以为他得的是胃炎。 （ ）

二、选择加点词语的正确解释。

1. 妻子摔门而去 （ ）

A. 轻轻地关门　　B. 用力地关门

C. 出门时摔倒了　　D. 用力地敲门

2. 主任听了，脸色铁青 （ ）

A. 看样子很着急　　B. 看样子很难过

C. 看样子很生气　　D. 看样子很高兴

3. 你以前可是有名的校花 （ ）

A. 代表学校的花　　B. 全校成绩最好的女生

C. 学校里的花　　D. 全校最漂亮的女生

4. 老同学沉默了一会儿，说了声“再见” （ ）

A. 生气　　B. 不说话　　C. 想了想　　D. 听说

5. 临走时，好友拉着我的手，问：“你告诉我实话吧，我得了什么病？” （ ）

A. 快死的时候　　B. 出发的时候

C. 要走的时候　　D. 进门的时候

三、根据课文内容，选择正确答案。

1.“我”为什么说“这是我今天说的最该死的一句真话”？ （ ）

A. 因为“我”担心好友知道病情后会很伤心

B. 因为好友知道病情后会生别人的气

C. 因为“我”担心好友被别人骗
D. 因为“我”担心好友生我的气

2. 这篇课文主要告诉我们什么？ （ ）
A. 人不该说真话
B. 说真话比说假话好
C. 真话有时候会伤人
D. 说谎话的人最该死

成语篇

狐假虎威

阅读要求：约 350 字，阅读时间 6 分钟，答题时间 10 分钟。

1 森林里住着一只老虎，每天都捕捉各种动物吃，动物们都很怕它。有一天，老虎肚子正饿，遇到了一只狐狸，就一下子扑上去，想把它吃掉。没想到狐狸却不慌不忙地说：“等等，你不敢吃我。天帝派我来当百兽之王，你要是吃了我，天帝①会惩罚你的。”

2 狐狸看到老虎半信半疑的样子，又接着说：“你以为我在骗你吗？那我在前面走，你在后面跟着，看看动物们见了我，会不会吓得逃跑。”老虎心想：要是不像狐狸说的那样，再吃它也来得及。就说：“好吧！”

3 狐狸在前面走，老虎在后面跟着。森林里大大小小的动物看见狐狸后面跟着的老虎，都吓得四处乱逃。狐狸回过头来对老虎说：“你看到了吧，我真的是百兽之王。”

4 老虎相信了狐狸的话，以为动物们是因为害怕狐狸才逃跑的，狐狸就这样从老虎身边轻轻松松地走开了。

5 愚蠢的老虎啊，难道你不知道动物们是因为怕你才逃走的吗？

生 词

狐假虎威 hújiǎhǔwēi	森林 sēnlín	捕捉 bǔzhuō	狐狸 húli
兽 shòu	惩罚 chéngfá	骗 piàn	吓 xià
愚蠢 yúchǔn	难道 nándào		

注释：

1. 天帝：中国神话中掌管天上事务的神。

读后练习

一、判断正误。

1. 老虎抓到了一只狐狸，打算把它吃掉。（ ）
2. 狐狸是天帝派来的百兽之王。（ ）
3. 狐狸让老虎在前边走，自己跟在后面。（ ）
4. 动物们逃跑是因为害怕老虎。（ ）
5. 老虎相信了狐狸的话，放走了狐狸。（ ）

二、选择加点词语的正确解释。

1.（老虎）就一下子扑上去（ ）

A. 一直　B. 一点儿　C. 很快地　D. 不停地

2. 没想到狐狸却不慌不忙地说（ ）

A. 很不高兴　B. 一点儿不紧张
C. 有点儿生气　D. 又气又急

3. 天帝派我来当百兽之王（ ）

A. 管理所有动物的大王　B. 最贵的动物
C. 跟动物一起生活的人　D. 一百岁以上的大王

4. 狐狸看到老虎半信半疑的样子（ ）

A. 半真半假　B. 不太相信

C. 一点儿也不怀疑　　　D. 拿不定主意

5. 森林里大大小小的动物看见狐狸后面跟着的老虎，都吓得四处乱逃　（　　）

A. 向各个方向逃跑　　　B. 乱七八糟

C. 跳上跳下　　　D. 跑来跑去

三、选择与句中加点词语意思相同的一个。

1. 你在后面跟着。　（　　）

A. 小明走路不小心摔了个跟头。

B. 孩子总喜欢跟在妈妈身边。

C. 跟上海比，北京的冬天冷多了。

D. 跟您打听一下，这附近有公共厕所吗?

2. 要是不像狐狸说的那样，再吃它也来得及。　（　　）

A. 他给我画了一张像。

B. 兄弟俩长得太像了!

C. 像这样的事情每天都会发生。

D. 每天都迟到，真不像话!

四、根据课文内容，选择正确答案。

1. 老虎为什么没有吃狐狸?　（　　）

A. 老虎相信狐狸是百兽之王　　　B. 动物们都害怕狐狸

C. 老虎会受到天帝的惩罚　　　D. 以上三个都是

2. “狐假虎威”这个成语的意思是:　（　　）

A. 被骗了还不知道　　　B. 依仗别人的力量欺负人

C. 遇到危险时不要紧张　　　D. 一不小心就会上当

单元练习

一、朗读句子，注意加点词语的用法。

1. 够

这次考试真够难的，很多同学不及格。

这次旅行够辛苦的，三天要去三座城市。

我已经够仔细了，可还是算错了。

2. 免不了

刚到中国，免不了想家。

外国人说汉语，免不了说错。

两个人住一个房间，免不了有矛盾。

3. 只要……，就……

他只要有时间，就学习汉语。

只要妈妈不在，孩子就上网聊天儿。

只要你不说，这个秘密就没有人知道。

4. ……得很

北京的春天风大得很。

期末考试快到了，学生们都忙得很。

现在正是上下班时间，地铁里挤得很。

5. ……比……+ 形容词 + 多了

今天比昨天暖和多了。

你的汉语说得比我好多了。

在网上买东西比在商店买东西便宜多了。

6. 临

临睡前，我喝了一杯牛奶。

临走时，我又上网查了一下地图。

临出发前，我给朋友打了一个电话。

二、给下面的汉字注上拼音，然后选择填空。

聚	躲	拴	逃	拍	减	骗	摔	握	敢
______	______	______	______	______	______	______	______	______	______

1. 她一下子______了5公斤，漂亮了很多。
2. 带狗出去散步时，应该把狗______起来。
3. 见面以后，我们先______手，然后做了自我介绍。
4. 那条路又暗又窄，我一个人不______走。
5. 周末，我和朋友们常常______在一起吃饭打游戏。
6. 水太热了，他没拿住，杯子______在了地上，碎了。
7. 听说小偷从后门______走了，没有抓到。
8. 小李从后面______了一下我的肩膀，吓了我一跳。
9. 一听到声音，我家的猫就______到床下。
10. 我说的都是真的，没有______你，你为什么不相信呢？

三、给下面的词语注上拼音，然后选择填空。

永远	保证	欺负	遗憾	减肥	森林	空话	聚会	小心	沉默
______	______	______	______	______	______	______	______	______	______

1. 我很________地通知你，你没有通过今天的考试。
2. 放心吧，我帮你排队，________能买到票。
3. ________里生活着各种各样的动物。
4. 大孩子不应该________小孩子。
5. 说得出来，但是做不到，就是________。
6. 听了老师的话，他低着头________不语。
7. 妻子生气地说："你走吧，你走了就________别回来！"
8. 医生说："你得________了，太胖对身体不好。"
9. 外面在下雨，你开车一定要________。
10. 上周我参加了一次高中同学的________，见到了很多老同学。

四、选择填空。

1. 她已经____忙的了，你的事以后再说吧。

   A. 够　　B. 太

2. 孩子刚会走路，____要摔倒。

   A. 免得了　　B. 免不了

3. 听了孙子的话，爷爷哈哈大笑____。

   A. 起来　　B. 下来

4. ____有时间，他就去旅行。

   A. 只有　　B. 只要

5. 这个菜辣____，还是换个别的吧。

   A. 得了　　B. 得很

6. ____没有钱，也可以过得很快乐。

   A. 即使　　B. 虽然

7. 十二点了，你____睡觉了，明天还要上班呢。

   A. 会　　B. 该

8. ____走时，我突然接到一个电话。

   A. 临　　B. 离

HSK 拓展训练

一、请选出正确答案。

1. 西方的孩子上学，学二十多个 （1） 就够了，中国的孩子却至少要学两三千个汉字，这不是 （2） ？其实学汉字没有那么难，学会了几百个简单的基本部件以后，用它们来“拼字”就行了。比如，左边是“口”，右边是“土”，合 （3） 就是“吐”字，所以中国孩子学会两千个汉字肯定没 （4） 。

（1）A. 字母　B. 数字　C. 单词　D. 汉字

（2）A. 非常可惜吗　B. 太可笑了吗
C. 太辛苦了吗　D. 太可爱了吗

（3）A. 上去　B. 下来　C. 出来　D. 起来

（4）A. 问题　B. 意思　C. 办法　D. 意见

2. 朗读是一 （5） 出声的阅读方式。朗读是阅读的起点，是理解课文的重要 （6） 。朗读可以帮助我们理解文章的内容， （7） ，还能提高写作能力。同时朗读对身心也有好处，可以 （8） 开朗的性格。

（5）A. 类　B. 条　C. 项　D. 种

（6）A. 手段　B. 工程　C. 责任　D. 工具

（7）A. 按时完成作业　B. 进行各种比赛
C. 发现语言的音乐美　D. 自觉遵守纪律

（8）A. 解决　B. 培养　C. 产生　D. 表达

二、请选出与短文内容一致的一项。

1. 62 岁的老李是一个“地书迷”，两年来他每天早上都到公园练习“地书”。他的“地书笔”是自制的，笔杆长 50 厘米，笔头长 20 厘米，蘸水后重达三四千克。退休后，老李一直坚持练习地书，所以他的身体非常棒。

A. 老李每天早上去公园看书

B. 老李的地书笔长 20～50 厘米

C. 老李的地书笔重 34 千克

D. 老李身体好是因为坚持练习地书

2. 方便面是仅次于面包的第二大主食。去年，全球消费方便面 982 亿包，其中：中国消费了 424.7 亿包，占 43.2%，平均每秒有 1300 人吃方便面，居世界第一位；印度尼西亚以 145.3 亿包排在第二位；排在第三位的是方便面的发明国日本，全年消费 55.1 亿包。

A. 方便面将会成为人类的第一大主食

B. 中国的方便面产量居世界首位

C. 方便面消费大国依次是中国、印度尼西亚和日本

D. 全世界平均每秒吃掉 1300 亿包方便面

第 5 单元

精读篇

卖鬼

阅读要求：约 560 字，阅读时间 9.5 分钟，答题时间 15 分钟。

导　读

鬼到底长什么样？是很可怕，还是很漂亮？是住在黑黑的地下，还是住在水里？是一跳一跳地走，还是飘来飘去……世界上真的有鬼吗？你怕鬼吗？课文里的宋定伯走夜路遇到了鬼，但是他一点儿都不怕。

读前准备

1. 你觉得鬼长什么样？

脚	头发	眼睛	牙齿
舌头	脸色	指甲	耳朵

2. 你们国家有关于“鬼”的故事吗？试着讲一个。

课　文

1 古时候，有个叫宋定伯的年轻人，走夜路遇到了鬼。他问鬼：“你是谁？”鬼回答：“我是鬼，你呢？”宋定伯骗它说：“我也是鬼。”鬼一听，高兴地问：“你去哪儿？”宋定伯说：“我去集市。”鬼高兴地说：“太好了！我也要去集市，我们一起走吧！”

2 他们一起走了一段路，鬼说：“这么走，太累了，我们互相背着走，怎么样？”“好啊！”宋定伯欣然答应了。鬼先背宋定伯，它奇怪地问：“你怎么这么重啊？你真的是鬼吗？”宋定伯笑笑说：“我是新死的鬼，所以比较重。”过了一会儿，换成宋定伯背鬼，鬼轻得一点儿重量也没有。轮着背了几次，两人渐渐熟悉起来了。

3 宋定伯问：“我是新鬼，对做鬼的很多事情还不太熟悉，您见多识广，能不能告诉我，鬼最怕什么？”鬼想了想说：“我们鬼啊，虽然神通广大，但最怕人的口水，你以后可千万小心！”

4 走着走着，他们来到一条河前。鬼从河面上飘了过去，一点儿声音也没有。轮到宋定伯过河时，水哗哗地响，鬼奇怪地问：“你过河为什么有声音呢？”宋定伯不好意思地说：“您别见怪，我是新鬼，还没学会过河的轻功呢！”

5 快到集市时，宋定伯突然一下把鬼扛到肩上，跑了起来，鬼吓得大叫：“你要干什么，快放我下来！”到了集市上，宋定伯才把鬼放下来，鬼一着地，就变成一只羊想逃跑。宋定伯马上朝它吐了一口口水，这样，鬼就变不回来了。宋定伯把“羊”卖了，带着钱乐呵呵地回家了。

生　词

1. 鬼	guǐ	（名）	ghost
2. 集市	jíshì	（名）	market; bazaar
3. 段	duàn	（量）	*a measure word indicating distance*
4. 背	bēi	（动）	carry on the back
5. 欣然	xīnrán	（形）	agreeable; glad
6. 奇怪	qíguài	（形）	strange
7. 熟悉	shúxi	（动）	(be) familiar with
8. 见多识广	jiànduō-shíguǎng	（成）	have great experience
9. 口水	kǒushuǐ	（名）	slaver; saliva
10. 飘	piāo	（动）	float (in the air)
11. 哗	huā	（拟声）	the noise of water splashing
12. 见怪	jiànguài	（动）	mind; take offence
13. 轻功	qīnggōng	（名）	*qinggong*, a technique of moving swiftly and lightly in Chinese martial arts
14. 扛	káng	（动）	lift on thc shoulder
15. 肩	jiān	（名）	shoulder
16. 吐	tù	（动）	spit
17. 乐呵呵	lèhēhē	（形）	cheerful; joyful

语言点

一、欣然

“欣然”的意思是“愉快的样子”。“竟然”表示“出乎意料，没想到”；“果然”表示“跟预想的一样”；“偶然”表示“没有事先安排的，间或、有时候”，“依然”表示“和原来一样”。

◆ 选择合适的词语填空。

A. 偶然　　B. 果然　　C. 依然　　D. 欣然

1. 我猜你在睡懒觉，你________在睡懒觉。
2. 几年没见，这里________还是老样子。
3. 我请她吃饭，她________同意了。
4. 我和我太太是在一次聚会上________认识的。

二、哗哗

“哗哗”是拟声词，形容水流动的声音或下雨的声音。拟声词是模拟声音的词，很多语言里都有拟声词，汉语也不例外。比如“喵（miāo）”形容猫叫的声音，“汪汪（wāngwāng）”形容狗叫的声音，“咩（miē）”形容羊叫的声音，“嘀嗒嘀嗒（dīdā dīdā）”形容水滴落下或钟表的声音。

◆ 猜一猜下面的拟声词用来形容什么声音，并选择合适的词语填空。

A. 隆隆　　B. 咚咚　　C. 扑通扑通　　D. 咕咚咕咚

1. 早上我被一阵________的敲门声吵醒了。
2. 雨下得很大，不时有一个闪电，接着就是________的雷声。
3. 他倒了一大杯水，________地喝了起来。
4. 我太紧张了，心________地跳个不停。

读后练习

一、回答问题。

1. 宋定伯要去哪儿？鬼要去哪儿？他们决定怎么去？

2. 鬼是怎么过河的？宋定伯是怎么过河的？

3. 文中两次说“鬼奇怪地问”，第一次鬼奇怪什么？第二次鬼奇怪什么？

二、判断正误。

1. 鬼上当了，他以为宋定伯也是鬼。（　　）
2. 鬼决定陪宋定伯去集市。（　　）
3. 宋定伯走得很慢，所以鬼背着他走。（　　）
4. 宋定伯是新死的鬼，所以很重。（　　）
5. 宋定伯很重，可是鬼非常轻。（　　）
6. 宋定伯认为鬼不但见多识广，而且神通广大。（　　）
7. 鬼虽然有很多能力，但是却害怕人的口水。（　　）
8. 宋定伯是人，所以过河的时候水会发出声音。（　　）
9. 鬼变成羊后，被吐了口水，不能再变成鬼了。（　　）
10. 宋定伯把“鬼”变成的羊卖了以后，带着钱回家了。（　　）

三、选择加点词语的正确解释。

1. 轮着背了几次，两人渐渐熟悉起来了（　　）

A. 顺着　B. 抢着　C. 换着　D. 对着

2. 我们鬼啊，虽然神通广大，但最怕人的口水（　　）

A. 有很多知识　B. 去过很多地方

C. 认识很多神　D. 有很多本领

3. 你以后可千万小心（　　）

A. 可以　B. 可是　C. 总算　D. 一定

4. 鬼一着地，就变成一只羊想逃跑（　　）

A. 碰到地　B. 突然地　C. 着急地　D. 到地方

5. 宋定伯马上朝它吐了一口口水（　　）

A. 把　B. 向　C. 给　D. 让

四、选择与句中加点词语意思相同的一个。

1. 我们互相背着走，怎么样？（　　）

A. 这篇课文我已经背下来了。

B. 放学了，学生们背着书包走出校园。

C. 我爷爷年纪大了，耳朵有点儿背。

D. 在电脑前工作了一天，后背又酸又疼。

2. 走着走着，他们来到一条河前。（　　）

A. 快着点儿吃，你快迟到了。

B. 您别着急，护照一定会找到的。

C. 鬼一着地，就变成了一只羊。

D. 小李很喜欢看书，看着看着就忘记了时间。

五、根据课文内容，选择正确答案。

1. 对于“鬼”，宋定伯最想知道的是：（　　）

A. 鬼要去哪儿　　B. 鬼为什么很轻

C. 鬼最害怕什么　　D. 怎样才能学会轻功

2. 宋定伯是一个什么样的人？（　　）

A. 聪明勇敢的人　　B. 爱开玩笑的人

C. 神通广大的人　　D. 见多识广的人

3. 关于鬼，下面哪一项与课文内容不符？（　　）

A. 鬼很轻，而且会轻功　　B. 人死后会变成鬼

C. 鬼会变化，可以变成羊　　D. 鬼胆子很大，什么都不怕

六、联系课文，小组讨论下面的问题。

课文里的鬼有哪些特点？请你总结一下。

泛读篇

聪明的小狗

阅读要求：约 340 字，阅读时间 6 分钟，答题时间 10 分钟。

1 有一家人都很懒惰，每天的家务爸爸懒得做，就让妈妈做；妈妈也懒得做，就让姐姐做；姐姐也懒得做，就叫妹妹做；妹妹也懒得做，就叫小狗做。没办法，小狗只好用尾巴擦地，用身体抹桌椅，用嘴叼着水管来浇花草。

2 有一天，家里来了一个客人，看见小狗在做家务，非常吃惊，“瞧，这只小狗多能干，还会做家务呢！”

3 小狗说：“没办法，这家人都很懒惰，谁都不做家务，都让我来做。”

4 客人一听，大吃一惊，“原来小狗还会说话呢！”

5 “嘘！小声一点儿……”小狗赶快对客人摆摆“手”，说：“不要让他们知道我会说话，要是让他们知道了，他们还会要我接电话呢！”

6 客人叹了口气说：“小狗啊，小狗，你像这样白白浪费了自己的才能，不是很可惜吗？人生来有两只手，就是要做事的，这家人什么都不做，不也是白白地浪费了两只手吗？也很可惜啊！”

生 词

聪明 cōngming	懒惰 lǎnduò	尾巴 wěiba	擦 cā
抹 mā	嘴 zuǐ	叼 diāo	浇 jiāo
嘘 xū	赶快 gǎnkuài	摆 bǎi	叹气 tànqì
浪费 làngfèi	可惜 kěxī		

读后练习

一、判断正误。

1. 这家人都喜欢教小狗做家务。（ ）
2. 小狗会用毛巾擦地、擦桌椅。（ ）
3. 小狗用嘴叼着水管给花草浇水。（ ）
4. 客人听到小狗在接电话，非常吃惊。（ ）
5. 小狗不想让主人知道它会说话。（ ）

二、选择加点词语的正确解释。

1. 爸爸懒得做（ ）

A. 舍不得　B. 不愿意　C. 不会　D. 只好

2. 用身体抹桌椅（ ）

A. 擦　B. 洗　C. 搬　D. 扫

3. 用嘴叼着水管来浇花草（ ）

A. 放在嘴里　B. 插在嘴里　C. 挂在嘴上　D. 用嘴咬着

4. 瞧，这只小狗多能干（ ）

A. 多少　B. 多么　C. 很多　D. 多多

5. 他们还会要我接电话呢（ ）

A. 给　B. 对　C. 把　D. 让

6. 人生来有两只手（ ）

A. 从来　B. 生活　C. 孩子　D. 生下来

三、选择与句子中加点词语意思相同的一个。

1. 原来小狗还会说话呢！（ ）

A. 你现在的口语比原来好多了。

B. 你还住在原来的地方吗？

C. 大家到处找你，原来你在这儿呢！

D. 我原来是翻译，现在是老师。

2. 你像这样白白浪费了自己的才能，不是很可惜吗？ （　　）

A. 他常写错字，所以叫"白字先生"。

B. 邮局今天休息，我白跑了一趟。

C. 我喜欢喝啤酒，不喜欢喝白酒。

D. 小姐，请给我一杯白开水。

四、根据课文内容，选择正确答案。

1. "客人叹了口气"，是因为： （　　）

A. 称赞小狗很有才能　　B. 可惜小狗浪费了才能

C. 担心小狗工作太辛苦　　D. 吃惊小狗竟然会说话

2. 这个故事主要告诉我们什么道理？ （　　）

A. 父母要教孩子做家务　　B. 狗是一种聪明的动物

C. 小狗喜欢跟客人聊天　　D. 白白浪费才能很可惜

成 语 篇

塞翁[1]失马

阅读要求：约 340 字，阅读时间 6 分钟，答题时间 10 分钟。

1 古时候，在中国的北方住着一个老翁，他养了许多马。

2 一天，他的一匹马走失了。邻居们听说了，都跑来安慰他。老翁却笑了笑说："丢了一匹马损失不大，没准儿会带来福气呢。"邻居们都觉得他很可笑。

3 过了几天，丢失的马自己回来了，还带回来一匹匈奴[2]的骏马。邻居们听说了，都来祝贺，老翁反而忧虑地说："白白得了一匹好马，不一定是福气，也许会有什么麻烦呢。"邻居们都觉得老人想得太多了。

4 老翁有个儿子，非常喜欢骑马，他每天都骑那匹骏马。一天，他骑马时不小心从马背上摔下来，摔断了腿。邻居们知道了，都来看望，老翁却说：“没什么，腿摔断了或许会带来福气呢。”邻居们觉得老翁准是急糊涂了。

5 不久，匈奴的军队打过来，年轻人都要去当兵，老翁的儿子因为腿断了，不用去当兵。结果入伍的年轻人都战死了，老翁的儿子却活了下来。

生 词

匹 pǐ	安慰 ānwèi	损失 sǔnshī	福气 fúqi
丢失 diūshī	骏马 jùnmǎ	祝贺 zhùhè	反而 fǎn'ér
忧虑 yōulǜ	断 duàn	看望 kànwàng	糊涂 hútu
入伍 rùwǔ	战 zhàn		

注释：

1. 塞翁 sàiwēng：住在北方边塞地区的老头儿。塞，边塞；翁，老头儿。
2. 匈奴：中国古代的北方民族。

读后练习

一、判断正误。

1. 老翁最后丢失了一匹马，得到了一匹马。（ ）
2. 老翁担心白白得到好马，可能带来麻烦。（ ）
3. 老翁的儿子骑马时摔断了腿，老翁非常着急。（ ）
4. 老翁的儿子入伍了，但没有战死，活了下来。（ ）
5. 邻居们很关心老翁，也很理解老翁。（ ）

二、选择加点词语的正确解释。

1. 他的一匹马走失了（ ）

A. 走丢了 B. 被偷了 C. 卖掉了 D. 跑远了

2. 丢了一匹马损失不大，没准儿会带来福气呢 （ ）

A. 不可能　B. 差不多　C. 说不定　D. 不可以

3. 邻居们听说了，都来祝贺，老翁反而忧虑地说 （ ）

A. 却　B. 反正　C. 而且　D. 可是

4. 没什么，腿摔断了或许会带来福气呢 （ ）

A. 或者　B. 也许　C. 可以　D. 还是

5. 邻居们觉得老翁准是急糊涂了 （ ）

A. 一定　B. 准备　C. 准确　D. 同意

6. 结果入伍的年轻人都战死了 （ ）

A. 参加比赛　B. 参加军队

C. 参加工作　D. 参加活动

三、根据课文内容，选择正确答案。

1. 下面哪一项与课文内容不符？ （ ）

A. 课文中的老人想法很特别

B. 课文中的邻居都不理解老人

C. 课文中的儿子最后战死了

D. 课文中的老人最后马没有少

2. “塞翁失马” 主要告诉我们什么道理？ （ ）

A. 本来想做好事，却弄成了坏事

B. 坏事有时候会变成好事

C. 为了得到一点儿好处，失去了很多东西

D. 得不到别人的理解是一件很糟糕的事情

四、联系课文，小组讨论下面的问题。

你同意老翁的观点吗？为什么？

单元练习

一、朗读句子，注意加点词语的用法。

1. 轮着

我和同屋轮着打扫房间。

最近公司很忙，周末大家轮着休息。

长途汽车一般是两位司机轮着开。

2. ……着……着

我们走着走着，来到了一条河前。

汽车开着开着，突然坏了。

她说着说着，突然伤心地哭了起来。

3. 动词 / 形容词 + 得……

他吓得脸都白了。

我已经饿得直不起腰了。

我上午忙得连上厕所的时间都没有。

4. 没准儿

你记得带手机，没准儿我会给你打电话。

再加把劲儿，这事儿没准儿能成。

我去那边找找，没准儿能找到。

5. 反而

我年轻时常常生病，年纪大了，身体反而变好了。

吃了药，病反而更重了。

夫妻吵了一架，感情反而比以前更好了。

6. 白白

有的学生每天玩儿游戏，时间都白白浪费了。

我白白排了半天队，也没买到票。

我白白给你讲了一个下午，你怎么还是不明白？

二、给下面的汉字注上拼音，然后选择填空。

扛	吓	吐	背	飘	丢	准	断	摆	擦
______	______	______	______	______	______	______	______	______	______

1. 他这个人马马虎虎，经常______东西。
2. 妈妈每天都把桌子______得干干净净的。
3. 山洞又深又黑，从里面传出很怪的声音，挺______人的。
4. 随地______痰是非常不卫生和不文明的行为。
5. 这个箱子太重了，一个人可______不起来。
6. 一到周末，他就______着包去旅行。
7. 这么晚了他还没到，______是堵车了。
8. 风筝线______了，我眼看它越飞越远，变成一个小点儿。
9. 鱼儿在水里______尾巴，游来游去。
10. 气球的线断了，越______越高，越______越远。

三、给下面的词语注上拼音，然后选择填空。

熟悉	可惜	见怪	懒惰	浪费	看望	逃跑	损失	安慰	成功
______	______	______	______	______	______	______	______	______	______

1. 这个人太________了，在家什么家务都不做。
2. 不好意思，她这个人就这样，希望你不要________。
3. 我不买名牌，我觉得买名牌________钱。
4. 因为公司有事不能去旅行了，真________！
5. 听说张老师生病了，很多同学想去________她。
6. 大家越________她，她哭得越伤心。
7. 经过努力，他终于________地开了一家公司。
8. 因为生意失败，公司________了不少钱。
9. 门和窗户都被锁上了，想________是不可能的。
10. 我们边走边聊，渐渐________起来了。

四、选择填空。

1. 我们____做饭，我一三五做，他二四六做，星期天一起做。

A. 轮着　　B. 争着

2. 我给朋友打电话，聊____聊____，手机突然没电了。

A. ……着……着　　B. ……的……的

3. 我刚才把照片给你发____了，你收一下吧。

A. 过去　　B. 过来

4. 我没什么经验，如果有什么做得不对的地方，您别____。

A. 奇怪　　B. 见怪

5. 小李借去的书还没有还____。

A. 回来　　B. 进去

6. 他____第一个到学校，最后一个走。

A. 可是　　B. 总是

7. 这么晚了，他还没来，____是忘了，我们给他打个电话吧。

A. 没准儿　　B. 没有

8. 没想到，爸爸退休后____更忙了。

A. 而且　　B. 反而

HSK 拓展训练

一、请选出正确答案。

1. 农历腊月三十，是一年的最后一天，也___（1）___“除夕”。除夕晚上，全家人要___（2）___吃“年夜饭”。中国很大，各地年夜饭的风俗不太一样，有的吃饺子，有的吃火锅，有的吃面条。___（3）___生活水平的提高，中国人的年夜饭越来越丰富了。午夜十二点的时候，人们放鞭炮，在鞭炮声中送走旧的一年，___（4）___新的一年。

（1）A. 成　　B. 称　　C. 当成　　D. 成为

（2）A. 一起住在　　B. 放在一起
　　C. 来到春节　　D. 聚在一起

（3）A. 随着　　B. 看着　　C. 对着　　D. 跟着

（4）A. 得到　　B. 到来　　C. 过来　　D. 迎来

2. 近日，记者在街头惊喜地发现，沿街___（5）___了很多像“小房子”一样的宠物便箱。城市里养犬的人越来越多，居民出门经常___（6）___遇到“踩狗屎”的尴尬，希望狗主人们能够___（7）___利用这些“宠物便箱”，自觉爱护___（8）___。

（5）A. 出来　　B. 出现　　C. 安排　　D. 放在

（6）A. 了　　B. 会　　C. 被　　D. 过

（7）A. 有效　　B. 有用　　C. 充足　　D. 拼命

（8）A. 环境卫生　　B. 小动物　　C. 花草植物　　D. 自然风景

二、请选出与短文内容一致的一项。

1. 长安街是首都北京最重要的一条街道，以天安门广场为界，往东为东长安街，往西为西长安街。人们称长安街为“十里长街”，其实，长安街全长只有大约 4 公里。不过，长安街往东可以通到八里桥，往西可以通到石景山，加起来有 55 公里。

A. 长安街的长度大约是 10 公里

B. 长安街的长度大约是 4 公里

C. 长安街的长度大约是 55 公里

D. 长安街是中国最长的一条街

2. 21 岁的大学生王娜 9 月返回校园时，将会展现一张新面孔，这是因为她利用暑假花 6000 元做了割双眼皮手术。去年夏天，在北京做整容手术的人中，学生占 80%。接受整容手术的女生认为，如果自己变得更漂亮，就更容易找到好工作。

A. 王娜 9 月要去一所新学校上学

B. 王娜利用暑假做了整容手术

C. 北京有 80% 的学生做过整容手术

D. 在北京只有漂亮女生才能找到工作

第 6 单元

精读篇

高招

阅读要求：约500字，阅读时间9分钟，答题时间15分钟。

导　读

如果世界上有一个人跟你长得完全一样，那是多么美好和幸运的事情啊！不过，有时候如果长得太像，别人分不出来，也会带来麻烦。课文中的这对兄弟，就连父母都会认错，为了把他们分清楚，家人和朋友想出了各种办法。

读前准备

1. 双胞胎可能在以下哪方面相像？哪方面不像？

身高	体重	相貌	声音
性格	爱好	能力	理想

2. 你有双胞胎亲戚或朋友吗？你怎么区分他们？讲一讲他们的趣事。

课　文

1　我和哥哥是双胞胎，长得几乎一模一样，就连爸爸妈妈也经常会把我们认错。为了把我们兄弟俩区别开，人人都有高招。

2　过生日的时候，妈妈送我们每人一条项链，让我们平时必须戴着，还说那是她费了好多心思特意为我们准备的，我们很感动，当场就把它戴在了脖子上。从此以后，妈妈再没叫错过我俩的名字，因为每次妈妈叫不出我们的名字时，总是让我们拿出项链给她看看吊坠。

3　爸爸给我们起了名字，却极少用，他需要帮忙时，总是指着我们说：“儿子，过来，帮我个忙！”一次，我实在忍不住，便对他说：“爸，以后有什么事叫我们的名字吧！别总是‘儿子儿子’的！”爸爸只好说了实话：“我是很想叫你们的名字，可是怕叫错了啊！”

4 女朋友知道我有个双胞胎哥哥后，害怕单独遇到时分不清，就跟我约定了一条暗语。她说："太巧了，竟然在这儿遇见你了！"我就回答："我是特意在这儿等你逛街的。"后来，每次和她对过暗语，我都要陪她去逛街，这才知道上当了！

5 从小学到高中，赵小明和我们一直是同学，虽然在一起熟悉极了，可他照样分不清我们俩谁是谁，在一起闹着玩儿时，他常常这样问哥哥："以前跟我争女朋友，最后失败的那个是你吗？"这时，哥哥总是说："要不是她把弟弟当成了我，你怎么可能追到她呢？"

——改自希林《喜剧世界》

生　词

1. 双胞胎	shuāngbāotāi	（名）	twins
2. 一模一样	yīmú-yīyàng	（成）	exactly alike
3. 区别	qūbié	（动）	discriminate; differentiate
4. 项链	xiàngliàn	（名）	necklace
5. 戴	dài	（动）	wear
6. 心思	xīnsi	（名）	thought; idea
7. 感动	gǎndòng	（形）	moved; touched
8. 当场	dāngchǎng	（副）	on the spot; then and there
9. 吊坠	diàozhuì	（名）	pendant
10. 单独	dāndú	（副）	alone; by oneself
11. 约定	yuēdìng	（动）	agree; appoint
12. 暗语	ànyǔ	（名）	code word
13. 竟然	jìngrán	（副）	*indicating unexpectedness*
14. 逛	guàng	（动）	stroll; saunter
15. 陪	péi	（动）	keep sb. company
16. 上当	shàngdàng	（动）	be taken in; be tricked
17. 照样	zhàoyàng	（副）	still; nevertheless
18. 闹	nào	（动）	tease; joke

19. 争	zhēng	（动）	contend; vie
20. 失败	shībài	（动）	fail; be defeated
21. 追	zhuī	（动）	pursue; go after

语言点

一、高招、项链、暗语

“高招、项链、暗语”等这类由“修饰语＋中心语”构成的词叫偏正复合词。“招”的意思是“计策、办法”，“高招”就是“高明的办法”；“项”是“脖子”的意思，“项链”就是“戴在脖子上的链子”；“暗”是“秘密的，不让别人知道的”，“暗语”就是“互相约好的秘密的话”。

◆ 在括号里填上恰当的字，组成偏正复合词。

1. 饭：（　　）饭（　　）饭（　　）饭
2. 笔：（　　）笔（　　）笔（　　）笔
3. 语：（　　）语（　　）语（　　）语
4. 包：（　　）包（　　）包（　　）包

二、上当

“上当”是“因为被骗而使自己受到损失”的意思，如“他说的都是假话，你千万别上他的当。”汉语里有很多含有“上”的词语，常见的有“上火、上心、上算、上瘾（yǐn）、上钩”等。

◆ 不查词典，试着把下面的词语和意思连起来。

1. 上火	A. 为了得到好处受骗上当
2. 上算	B. 爱好做某事到了无法控制的程度
3. 上钩	C. 用心，把要做的事情放在心上
4. 上瘾	D. 不吃亏；和付出的相比，得到的比较多
5. 上心	E. 出现了嗓子、眼睛、鼻子等发炎的症状

读后练习

一、回答问题。

1. 妈妈怎么分清我和哥哥？
2. 我的女朋友怎么分清我和哥哥？
3. 赵小明能分清我和哥哥吗？

二、判断正误。

1. 妈妈给双胞胎兄弟买了一模一样的两条项链。（ ）
2. 一收到妈妈送的项链，我和哥哥就戴上了。（ ）
3. 爸爸给我们起了名字，却不想用。（ ）
4. 我不喜欢爸爸叫我们“儿子”。（ ）
5. 爸爸经常叫错我们的名字。（ ）
6. 女朋友跟我和哥哥约定了一条暗语。（ ）
7. 女朋友在街上遇到我和哥哥时，就说那句暗语。（ ）
8. 女朋友很喜欢让我陪她逛街。（ ）
9. 赵小明和我们刚认识，所以分不清我和哥哥。（ ）
10. 哥哥和赵小明追过同一个女孩，但是哥哥失败了。（ ）

三、选择加点词语的正确解释。

1. 我和哥哥是双胞胎，长得几乎一模一样（ ）

A. 原来一样　B. 完全一样　C. 什么模样　D. 不太一样

2. 为了把我们兄弟俩区别开，人人都有高招（ ）

A. 打招呼　B. 好工具　C. 好办法　D. 水平高

3. 还说那是她费了好多心思特意为我们准备的（ ）

A. 浪费了很多时间　B. 动了很多脑筋

C. 花了很多钱　D. 用了很大力气

4. 还说那是她费了好多心思特意为我们准备的（ ）

A. 专门　B. 故意　C. 愿意　D. 特点

5. 从此以后，妈妈再没叫错过我俩的名字 （ ）

A. 从现在开始　　B. 从过去到现在

C. 从今以后　　D. 从那时候起

6. 一次，我实在忍不住，便对他说 （ ）

A. 控制不住　　B. 停不住　　C. 坐不住　　D. 靠不住

7. 害怕单独遇到时分不清，就跟我约定了一条暗语 （ ）

A. 跟朋友开玩笑时说的话　　B. 跟朋友打招呼时说的话

C. 只有自己知道的秘密的话　　D. 互相约好的秘密的话

8. 在一起闹着玩儿时，他常常这样问 （ ）

A. 开玩笑　　B. 聊天儿　　C. 出问题　　D. 吵架

四、选择与句中加点词语意思相同的一个。

1. 我们很感动，当场就把它戴在了脖子上。 （ ）

A. 尽管来了这么久，我还是不太习惯当地的口味。

B. 女朋友把弟弟当成了哥哥。

C. 我觉得这个句子用词不当。

D. 直到他告诉我，我才知道上当了。

2. 每次和她对过暗语，都要陪她去逛街。 （ ）

A. 你帮我看一下，这道题我做得对吗？

B. 考试的时候，不能互相对答案。

C. 别对我大喊大叫的，有话好好说。

D. 对了，明天的会几点开始？

五、选择句子的正确解释。

1. 他照样分不清我们俩谁是谁。 （ ）

A. 谁也分不清我和哥哥。

B. 谁也不知道我和哥哥的区别。

C. 他原来不认识我和哥哥。

D. 他还是无法区别我和哥哥。

2. 要不是她把弟弟当成了我，你怎么可能追到她呢？（　　）

A. 因为她把弟弟当成了我，所以你才没追到她。

B. 如果她把弟弟当成了我，你就可以追到她了。

C. 因为她把弟弟当成了我，所以你才追到了她。

D. 如果她把弟弟当成了我，你就追不到她了。

六、联系课文，小组讨论下面的问题。

双胞胎的故事还会继续下去，如果我和哥哥换了项链的吊坠，将会发生什么呢？请你继续讲讲下面可能发生的故事。

泛读篇

闭嘴计划

阅读要求：约 460 字，阅读时间 8 分钟，答题时间 10 分钟。

1　我爱说话，家人和朋友都嫌我话太多，因此我决定来个闭嘴计划，而且要坚持整整一个星期！星期天晚上，我把计划告诉了妻子，她一听就拿出一百块钱跟我打赌，闭嘴计划就此开始。

2　星期一早上，妻子去上班，“拜拜！”她说。我向她招了招手。星期二午餐后，我去买报纸。卖报纸的小伙子热情地和我打招呼：“天气真好！”我对他友好地笑了笑。星期三我去商店买东西。我把要买的东西写在一张纸上，拿给店员看。星期四，妻子在纸上写道：“请给你妈打电话，她一直在找你。”我请妻子帮我打，妻子不紧不慢地向我妈解释，电话那边传来了笑声。星期五，我感冒了，本想去医院看病，后来决定还是到药店买点儿药。星期六，妻子的心情开始变坏。我们一整天都在写纸条交流，到了晚上，餐桌上到处都是纸条。星期天，在岳母家吃饭，大家都很照顾我，给我夹菜，好像我是个三岁的孩子。

3 回到家已近午夜，我的闭嘴计划即将结束。我开始想：第一句话该说什么呢？想啊想啊，想不出结果，我就到外面买了几罐啤酒。11点55分，我喝醉了，妻子也睡着了。时钟嘀嗒，午夜到了！我站起来，小声对自己说："啊，半夜了，该睡觉了！"

生　词

打赌 dǎdǔ	拜拜 báibái	解释 jiěshì	心情 xīnqíng
交流 jiāoliú	岳母 yuèmǔ	照顾 zhàogù	夹 jiā
午夜 wǔyè	即将 jíjiāng	罐 guàn	醉 zuì
嘀嗒 dīdā			

读后练习

一、判断正误。

1. 在家人和朋友的帮助下，我订了一个闭嘴计划。（　　）
2. 如果我一个星期不说话，妻子就给我一百块钱。（　　）
3. 妻子把我的闭嘴计划告诉妈妈以后，妈妈笑了起来。（　　）
4. 妻子跟我打赌输了，所以心情开始变坏。（　　）
5. 在岳母家吃饭时，大家都给我三岁的孩子夹菜。（　　）
6. 因为喝醉，我说话了，我的闭嘴计划失败了。（　　）

二、选择加点词语的正确解释。

1. 家人和朋友都嫌我话太多（　　）

A. 生气　B. 担心　C. 麻烦　D. 不满意

2. 闭嘴计划就此开始（　　）

A. 正在　B. 从这时　C. 就是　D. 因此

3. 妻子不紧不慢地向我妈解释（　　）

A. 形容心情平静，不快不慢　B. 形容心里着急，动作忙乱

C. 形容十分小心，害怕出错　D. 形容心里紧张，动作很慢

4. 我感冒了，本想去医院看病 (　　)

A. 从来不想　B. 想了一想　C. 应该马上　D. 原来打算

5. 回到家已近午夜 (　　)

A. 快要……了　B. 已经……了　C. 大概……了　D. 果然……了

6. 我的闭嘴计划即将结束 (　　)

A. 正在　B. 应该　C. 就要　D. 将来

三、选择与句中加点词语意思相同的一个。

1. 电话那边传来了笑声。 (　　)

A. 爸爸感冒了，把我传上了。

B. 胜利的消息传遍全国。

C. 很多演员都写了自传。

D. 这种技术以前是不外传的。

2. 啊，半夜了，该睡觉了！ (　　)

A. 该生学习努力，爱好体育。

B. 要是能考上北大，该多好啊！

C. 你该我的钱什么时候还啊？

D. 时间不早了，我该走了。

成语篇

邯郸[1]学步

阅读要求：约 320 字，阅读时间 6 分钟，答题时间 10 分钟。

1　从前，燕国[2]有一位少年，他的身材、长相、学问都不差，可他却总是觉得自己不如别人——衣服是人家的好，饭菜是人家的香，动作是人家的优美。他见什么学什么，可是学一样丢一样，结果一件事也做不好。

2 家人劝他改改这个毛病，他觉得家人管得太多，根本听不进去。

3 有一天，他在路上碰到几个人对着他指指点点、说说笑笑，他觉得一定是自己走路的样子太难看了。他听说邯郸人走路的样子很美，很想学。可是邯郸人究竟是怎么走路的呢？他怎么也想不出来，这成了他的心病。终于有一天，他瞒着家人，跑到邯郸学走路去了。

4 一到邯郸，他看到孩子走路，觉得很活泼，学；看见男人走路，觉得很帅气，学；看到女人走路，觉得很优美，学。就这样，不到半个月，他连走路也不会了，钱花光了，他只好爬着回去。

生　词

长相 zhǎngxiàng	优美 yōuměi	劝 quàn	毛病 máobìng
究竟 jiūjìng	心病 xīnbìng	终于 zhōngyú	瞒 mán
活泼 huópō	帅气 shuàiqi		

注释：

1. 邯郸：今河北省邯郸市，战国时代是赵国的都城。
2. 燕国 Yānguó：周朝国名，在今河北北部和辽宁西部。

读后练习

一、判断正误。

1. 这位少年总是觉得自己没有别人优秀。（　　）
2. 这位少年十分善于学习，总是一学就会。（　　）
3. 这位少年不接受家人的批评。（　　）
4. 这位少年去邯郸是跑步去的，回来是爬回来的。（　　）
5. 邯郸的男女老幼走路各有各的特点，都很美。（　　）

二、选择加点词语的正确解释。

1. 衣服是人家的好，饭菜是人家的香，动作是人家的优美 （ ）

A. 家人 B. 别人 C. 大家 D. 家里

2. 饭菜是人家的香 （ ）

A. 香味 B. 好看 C. 好吃 D. 便宜

3. 他觉得家人管得太多，根本听不进去 （ ）

A. 听不见 B. 听不懂 C. 听不清 D. 不愿听

4. 可是邯郸人究竟是怎么走路的呢 （ ）

A. 竟然 B. 到底 C. 还是 D. 终于

5. 他瞒着家人，跑到邯郸学走路去了 （ ）

A. 没告诉 B. 不满意 C. 不喜欢 D. 不高兴

三、根据课文内容，选择正确答案。

1. "他见什么学什么"的意思是： （ ）

A. 见到的东西他都学 B. 他不知道应该学什么

C. 他什么东西都想看 D. 他不知道应该怎么学

2. "指指点点"的意思是： （ ）

A. 指给人看 B. 在旁边挑毛病

C. 指导别人 D. 指出方向

3. "邯郸学步"的意思是： （ ）

A. 学别人不成，却失去了自己原来的能力

B. 喜欢模仿别人的动作

C. 常常变化，一会儿这样说一会儿那样说

D. 做事时，开始很好，后来就不行了

单元练习

一、朗读句子，注意加点词语的用法。

1. 连……也/都……

这道题特别简单，连三岁小孩都会做。

刚来中国时，我连“你好”也不会说。

这个月公司太忙了，我连一天都没休息。

2. 忍不住

听了这个笑话，大家都忍不住笑了起来。

这个电影太感人了，观众忍不住流下了眼泪。

他忍不住要问：“这么小的孩子怎么会认识这么多字呢？”

3. 竟然

只学了一年的汉语，你竟然说得这么好！

来北京一年了，你竟然没去过长城！

为了减肥，她竟然一年没吃米饭。

4. 照样

老师批评了他好几次，可他照样迟到。

今天天气这么冷，他还照样只穿一件衬衫。

昨晚我写了好多遍生词，可今天听写的时候照样写不出来。

5. 要不是

要不是你叫醒我，我今天就迟到了。

要不是你拉住我，我肯定被那辆车撞到了。

要不是父母非让我学，我才不会学钢琴呢。

6. 嫌

有的女孩子总是嫌自己不够瘦。

妻子嫌丈夫挣钱太少，丈夫嫌妻子花钱太多。

有人嫌日子过得太慢，有人嫌日子过得太快。

二、给下面的汉字注上拼音，然后选择填空。

嫌	闹	逛	陪	争	闭	劝	瞒	夹	费
______	______	______	______	______	______	______	______	______	______

1. 你先______上眼睛，不许看。
2. 我听说她已经有男朋友了，你就别白______心思了。
3. 老李喜欢喝酒，家人和朋友都______他少喝点儿。
4. 妈妈______孩子作业写得太慢，让孩子快点儿写。
5. 老人生病时，特别希望子女能______在身边。
6. 开会的时候，大家都______着发表自己的意见。
7. 我昨天陪朋友去______商场了。
8. 小李辞职了，但一直______着妻子，妻子一点儿也不知道。
9. 我不太会用筷子，总是______不起来。
10. 你别生气，我跟你______着玩儿呢！

三、给下面的词语注上拼音，然后选择填空。

模样	感动	失败	优美	毛病	活泼	身材	照顾	打赌	特意
______	______	______	______	______	______	______	______	______	______

1. 回国前，朋友们________为我开了一个送别晚会。
2. 为了保持________，李小姐每天晚饭都不吃主食。
3. 我们应该多听音乐，因为________的音乐让人心情愉快。
4. 我的钥匙不知出了什么________，怎么也打不开门。
5. 我小时候见过他，但那时候太小，记不清他长什么________了。
6. 我们________吧，今天的比赛中国队一定能赢。
7. 这孩子天真________，真让人喜欢。
8. 妈妈既要工作，又要________孩子，非常辛苦。
9. 妈妈为我做的一切都让我________。
10. 这次________了，没关系，以后继续加油。

四、选择填空。

1. 你怎么____这么简单的汉字____不认识？
   A. 连……也……　　B. 除了……以外……

2. 这么晚了，女儿还没回来，妈妈____担心起来。
   A. 停不住　　B. 忍不住

3. 小李____戴着眼镜找眼镜，你说可笑不可笑？
   A. 究竟　　B. 竟然

4. 老师给他讲了好几遍，可他____不明白。
   A. 照样　　B. 按照

5. 我____这两个词的意思有什么不同。
   A. 看不清　　B. 分不清

6. ____你帮助我，我的汉语肯定不会进步这么快。
   A. 要不是　　B. 要不

7. 他抽烟抽得很厉害，家人劝他戒烟，他也听不____。
   A. 进去　　B. 出来

8. 比赛____结束，双方的比分还是 1 : 1。
   A. 将来　　B. 即将

HSK 拓展训练

一、请选出正确答案。

1. 现在，人们把一天分成 24 份，每份是一个__（1）__。古代，中国人把一天分成十二份，每份叫作一个时辰，每个时辰__（2）__现在的两个小时。古人__（3）__十二地支代表十二个时辰，__（4）__：“子时”就是现在的 23:00—01:00，“卯时”就是现在的 5:00—7:00。

（1）A. 时间　　B. 点钟　　C. 小时　　D. 分钟

（2）A. 相等　　B. 当作　　C. 好像　　D. 相当于

（3）A. 有　　B. 用　　C. 把　　D. 来

（4）A. 比如　　B. 好像　　C. 如果　　D. 例子

2. __（5）__？那个人考虑了许久后，给出了这样的__（6）__：帮助我曾经帮助过的人。这是为什么__（7）__？因为从人性的角度考虑，人们会更加__（8）__自己的付出。

（5）A. 你去找谁　　B. 你会帮谁

C. 你喜欢谁　　D. 谁会帮你

（6）A. 问题　　B. 方法　　C. 答案　　D. 计划

（7）A. 吧　　B. 了　　C. 呢　　D. 着

（8）A. 感谢　　B. 表达　　C. 重视　　D. 发现

二、请选出与短文内容一致的一项。

1. 刘女士花了 3000 块，把自己的狗送进了宠物学校。但上周把狗接回家后，她发现自己的狗常不听命令，于是找到了宠物学校。宠物学校的人告诉她：宠物的课程是一样的，但每只狗的学习能力是不同的。

A. 刘女士花 3000 块买了一只狗

B. 刘女士家的狗现在宠物学校学习

C. 刘女士对宠物学校不太满意

D. 刘女士家的狗学习能力很强

2. 南方人坐船，北方人骑马；南方人指路，说前后左右，北方人指路，说东南西北。南北的差异是因为自然环境不同：北方平原多，骑马很方便，东西南北也清清楚楚；南方河流多，坐船方便，但河流弯弯曲曲，分不清东南西北，就只好说前后左右了。

A. 南方和北方的饮食习惯不同

B. 自然环境不同造成了南北差异

C. 在中国坐船比骑马更方便

D. 很多北方人分不清东南西北

第 7 单元

精读篇

谁最重要

阅读要求：约 490 字，阅读时间 8.5 分钟，答题时间 15 分钟。

导 读

每个人都有自己的优点和价值，我们应该谦虚地对待身边的人。本课讲的是拇指、食指、中指、无名指四根手指争当大哥的故事，小指的一句话使四根手指明白了：只有懂得自己的渺小，才能懂得真正的伟大。

读前准备

1. 下面是五根手指的名字，说一说它们各是哪根手指。

小指　　拇指　　无名指　　中指　　食指

2. 五根手指各有什么作用？你认为哪根手指最重要？

课 文

1　一天，五根手指聚在一起，讨论谁是真正的大哥。拇指先说："如果要比大，我才是真正的大哥。你们看，五根手指中，我排行第一，而且当人们称赞别人的时候，总是竖起拇指。"

2　拇指的话刚说完，食指就急着说道："兄弟之中数我最重要，俗话说'民以食为天'嘛。而且，问路的时候，人们总是靠食指来指路。我的作用这么大，当然最应该当大哥喽！"

3　听了食指的话，中指不满地说："你们两位太自不量力了。拇指，你长得又矮又胖；食指，你总是动来动去，让人心烦。你们看我，身材高大，位置又在最中间，你们都比不上我，因此我才是大哥。"

4　无名指终于忍不住了，他站起来，大声说："你们都说自己了不起，不过人们都把戒指戴在无名指上，所以我最富有，大哥的位置当然应该是我的啦。”

5 四根手指争来争去，谁也不让谁，突然他们发现小指坐在一旁，一句话也不说。四根手指好奇地问：“小指老弟，你怎么不说话啊？难道你不想当大哥吗？”

6 小指看看其他四根手指，缓缓地说：“各位大哥，你们每一位都非常重要，我怎么能和各位争呢？不过，当人们双手合十向别人行礼时，我最靠近对方的心。”

7 听了小指的话，四根手指低下了头。只有懂得自己的渺小，才能懂得真正的伟大，你认为呢？

生　词

1. 手指	shǒuzhǐ	（名）	finger
2. 讨论	tǎolùn	（动）	discuss
3. 拇指	mǔzhǐ	（名）	thumb
4. 排行	páiháng	（动）	be ranked
5. 称赞	chēngzàn	（动）	praise; acclaim
6. 竖	shù	（动）	set upright
7. 数	shǔ	（动）	be reckoned as exceptionally (good, bad, etc.)
8. 俗话	súhuà	（名）	common saying
9. 喽	lou	（助）	*modal particle used to call attention to sth.*
10. 位置	wèizhì	（名）	position; place
11. 戒指	jièzhi	（名）	ring (jewellery)
12. 富有	fùyǒu	（形）	rich; wealthy
13. 好奇	hàoqí	（形）	curious
14. 难道	nándào	（副）	*used to give force to a rhetorical question*
15. 缓缓	huǎnhuǎn	（副）	slowly
16. 行礼	xínglǐ	（动）	salute; give a salute
17. 靠近	kàojìn	（动）	get/be close to
18. 渺小	miǎoxiǎo	（形）	tiny; negligible
19. 伟大	wěidà	（形）	great

语言点

一、嘛、喽、啦

“嘛、喽、啦”都是语气词。语气词一般用在句尾，表示不同的语气。“嘛”表示本来就应该这样或理由显而易见；“喽”表示提醒别人注意已经出现的新情况；“啦”是“了＋啊”的合音，表示出现了新变化。常用的语气词还有“吗、呢、吧、啊”等。

◆ 选择合适的语气词填空。

A. 啦　　B. 呢　　C. 嘛　　D. 吧

1. 今天天气多好，咱们出去散散步____________！
2. 当然不能怪你，你也不了解情况____________。
3. 上课____________，上课____________，请大家赶快回教室。
4. 标准答案就是C，这道题怎么会错了____________？

二、争来争去

“争来争去”表示“反复争论、争论了很久”。“……来……去”中间插入同一个动词，主要表示两种意思：（1）表示方向上的来回，如“跑来跑去、飞来飞去、游来游去”；（2）表示动作多次、反复进行，如“想来想去、问来问去、说来说去、商量来商量去”等。

◆ 选择合适的词语填空。

A. 说来说去　　B. 游来游去　　C. 想来想去　　D. 飞来飞去

1. 两只天鹅在湖面上____________，非常漂亮。
2. 春天，蝴蝶在美丽的花丛中____________。
3. ____________，你到底同意还是不同意？
4. 晚上我躺在床上，____________，怎么也睡不着。

读后练习

一、根据课文，连接正确答案。

1. 拇指认为自己是大哥的主要理由是　　A. 最富有
2. 食指认为自己是大哥的主要理由是　　B. 作用最大
3. 中指认为自己是大哥的主要理由是　　C. 排行第一
4. 无名指认为自己是大哥的主要理由是　　D. 位置在最中间

二、判断正误。

1. 五根手指都觉得自己是真正的大哥。（　　）
2. 人们称赞别人时，会竖起拇指。（　　）
3. 食指不但又矮又胖，而且动来动去。（　　）
4. 无名指不仅身材高大，而且十分富有。（　　）
5. 四根手指争来争去，都觉得自己了不起。（　　）
6. 小指一句话也不说，因为它不想当大哥。（　　）

三、选择加点词语的正确解释。

1. 人们总是靠食指来指路（　　）

   A. 被　　B. 按　　C. 把　　D. 用

2. 听了食指的话，中指不满地说（　　）

   A. 不满意　　B. 不同意　　C. 不愿意　　D. 不明白

3. 你们两位太自不量力了（　　）

   A. 不努力　　B. 不用力　　C. 高看自己　　D. 没有能力

4. 无名指终于忍不住了（　　）

   A. 开始　　B. 最后　　C. 所以　　D. 因为

5. 你们都说自己了不起（　　）

   A. 不满意　　B. 很有名　　C. 受欢迎　　D. 很厉害

6. 四根手指争来争去 （ ）

A. 争论起来　　B. 争论下去

C. 不停地争论　　D. 争论了一会儿

7. 我怎么能和各位争呢 （ ）

A. 你们　　B. 别人　　C. 自己　　D. 主人

8. 当人们双手合十向别人行礼时，我最靠近对方的心 （ ）

A. 两只手握在一起　　B. 两只手掌合在一起

C. 两只手的十根手指交叉　　D. 两根食指摆成“十”字

四、选择与句中加点词语意思相同的一个。

1. 兄弟之中数我最重要。 （ ）

A. 这个体育馆可以坐数万名观众。

B. 请您数一下参加晚会的人数。

C. 北京烤鸭中，最有名的要数全聚德烤鸭了。

D. 休息了数月，老李的病已经完全好了。

2. 四根手指争来争去，谁也不让谁。 （ ）

A. 对不起，请让一下。

B. 妈妈不让孩子玩儿电脑游戏。

C. 我的衣服让雨淋湿了。

D. 让我们一起努力，把工作做好。

五、选择句子的正确解释。

1. 民以食为天。 （ ）

A. 老百姓天天都得吃饭。

B. 老百姓总是靠天吃饭。

C. 老百姓每天都在想吃什么。

D. 对老百姓来说，吃饭是最重要的事情。

2. 难道你不想当大哥吗？（　　）

A. 你就不想当大哥吗？

B. 你还是不想当大哥吗？

C. 你想不想当大哥呢？

D. 你也不想当大哥了吗？

3. 我怎么能和各位争呢？（　　）

A. 我不知道怎么跟你们争。

B. 你们不应该跟我争。

C. 你们为什么要跟我争呢？

D. 我哪能和你们争呢？

六、根据课文内容，选择正确答案。

1. 下面哪一项与课文内容不符？（　　）

A. 小指不争当老大，是因为它个子太小

B. 四根手指都认为自己最应该当老大

C. 其实五指中每根手指都很重要

D. 这篇课文告诉我们人应该谦虚

2. 这篇课文主要告诉我们什么道理？（　　）

A. 谁最了不起，谁就应该当大哥。

B. 只有懂得自己的渺小，才能懂得真正的伟大。

C. 人们双手合十，向别人行礼。

D. 四根手指争来争去，谁也没当上大哥。

七、联系课文，小组讨论下面的问题。

请试着讲一讲你听过的与手指有关的故事。

泛读篇

老鼠嫁女

阅读要求：约450字，阅读时间8分钟，答题时间10分钟。

1 老鼠的女儿大了，到了出嫁的年纪。但是把女儿嫁给谁呢？鼠爸爸和鼠妈妈可伤透了脑筋。

2 这天，鼠爸爸走出洞，一抬头看见了太阳，忽然想到：要是把女儿嫁给太阳，该多好啊！

3 他把鼠妈妈从洞里喊出来，指着太阳，说："我看没有什么比太阳更厉害的，咱们把女儿嫁给太阳吧！"

4 太阳突然说话了："我最怕白云，白云一到，就会遮住我的光。你们还是把女儿嫁给白云吧！"

5 鼠爸爸对着白云说："白云白云，请你把我的女儿娶回家吧，我会给女儿准备很多嫁妆。"

6 白云摇摇头，说："可是北风比我更厉害，你们看，我就是被北风吹到这里来的。你们的女儿还是嫁给北风吧！"

7 白云刚走，北风就到了。鼠妈妈笑嘻嘻地跟北风打招呼，要把女儿嫁给他。

8 北风气喘吁吁地说："你们看，我再厉害也刮不倒那座宝塔。你们还是把女儿嫁给宝塔吧！"

9 鼠妈妈觉得有道理，就去求宝塔娶她的女儿。

10 宝塔害怕极了，说："我再厉害也比不上你们老鼠，你们把我身上挖得到处是洞，我就是打光棍儿也不会娶你的女儿！"

11 鼠妈妈十分难过，一边往家走一边想：谁比老鼠厉害呢……对了，我知道我的女儿该嫁给谁了！

生　词

透 tòu	脑筋 nǎojīn	洞 dòng	厉害 lìhai
遮 zhē	嫁妆 jiàzhuang	笑嘻嘻 xiàoxīxī	吁吁 xūxū
宝塔 bǎotǎ	道理 dàolǐ	光棍儿 guānggùnr	

读后练习

一、回答问题。

1. 鼠爸爸和鼠妈妈打算嫁女儿，他们去找过谁？请按顺序写出来。
2. 最后鼠妈妈打算把女儿嫁给谁？

二、根据课文，完成下面的句子。

1. 太阳怕白云，因为______________________________。
2. 白云怕北风，因为______________________________。
3. 北风怕宝塔，因为______________________________。
4. 宝塔怕老鼠，因为______________________________。

三、根据课文内容，选择正确答案。

1. “鼠爸爸和鼠妈妈可伤透了脑筋”的意思是：（　　）

A. 鼠爸爸和鼠妈妈费尽了心思
B. 鼠爸爸和鼠妈妈的头很不舒服
C. 鼠爸爸和鼠妈妈的脑子很笨
D. 鼠爸爸和鼠妈妈的头都受伤了

2. “嫁妆”的意思是：（　　）

A. 结婚时，父母送给儿女的礼物
B. 结婚时，女孩从娘家带到夫家的东西
C. 结婚时，男方家送给女方家的东西
D. 结婚时，男孩送给女孩的礼物

3. "我就是打光棍儿也不会娶你的女儿"的意思是：（ ）

A. 我家里很穷，没钱娶你的女儿

B. 我不想结婚，所以不娶你女儿

C. 跟你的女儿结婚还不如单身

D. 如果我是光棍儿，我就娶你女儿

四、选择与句中加点词语意思相同的一个。

1. 鼠爸爸和鼠妈妈可伤透了脑筋。（ ）

A. 这件睡衣太薄，有点儿透。

B. 老师不能给学生透考试题。

C. 他见人就打，坏透了。

D. 打开窗户，透透气吧。

2. 我再厉害也刮不倒那座宝塔。（ ）

A. 请您再说一遍。

B. 我下次再也不迟到了。

C. 吃了晚饭再走吧。

D. 再忙也要注意身体。

成语篇

邹忌比美

阅读要求：约390字，阅读时间7分钟，答题时间10分钟。

1 古时候，齐国①有一个叫邹忌的人，他长得十分英俊魁梧。一天早上，他穿好衣服，戴好帽子，边照镜子边问妻子："听说城北住着一位姓徐的美男

子，你看，我跟徐公比，谁更帅呢？”妻子想都没想，答道：“当然是你更帅
2 了，你比徐公帅多了。”

邹忌不相信自己会比徐公更美，所以，他又去问他的小妾[2]：“你说，我跟徐公比，谁更帅呢？”小妾笑着回答：“那还用说，徐公哪里比得上
3 您呢？”

晚上，邹忌陪客人喝茶聊天儿时，又想起了白天的疑问，“您见过徐公，您说，我跟徐公比，谁更帅呢？”客人想了想，说：“依我看，徐公比您差远
4 了，您不但英俊，而且魁梧。”

后来，一次偶然的机会，徐公到邹忌家拜访。邹忌把徐公上上下下、仔
5 仔细细地打量了一番，发现自己根本没有徐公帅。

晚上，邹忌躺在床上，思来想去，他终于明白了：我的妻子说我英俊，是因为她很爱我；我的小妾说我英俊，是因为怕我；客人说我英俊，是因为有求于我，并非我真的比徐公更帅。

生　词

魁梧 kuíwu	镜子 jìngzi	疑问 yíwèn	依 yī
偶然 ǒurán	拜访 bàifǎng	仔细 zǐxì	打量 dǎliang
番 fān			

注释：

1. 齐国：周朝国名，在今山东北部和河北东南部。
2. 妾：旧时男子在正妻以外娶的女子。

读后练习

一、回答问题。

1. 邹忌问妻子、小妾、客人的问题是什么？
2. 妻子、小妾、客人是怎么回答的？

二、判断正误。

1. 为了弄清楚谁更帅，邹忌去拜访了徐公。（　　）
2. 邹忌虽然英俊魁梧，但却没有城北的徐公帅。（　　）
3. 邹忌想了很久，终于明白了为什么徐公比自己帅。（　　）
4. 妻子、小妾、客人都说邹忌更英俊，但他们各有自己的理由。（　　）
5. 邹忌不喜欢徐公，因为徐公比他更英俊。（　　）

三、选择加点词语的正确解释。

1. 那还用说，徐公哪里比得上您呢（　　）

   A. 说什么　B. 说不好　C. 不好说　D. 不用说

2. 依我看，徐公比您差远了（　　）

   A. 看起来　B. 我觉得　C. 看上去　D. 看样子

3. 邹忌把徐公上上下下、仔仔细细地打量了一番（　　）

   A. 量　B. 想　C. 看　D. 打

4. 邹忌躺在床上，思来想去（　　）

   A. 想了又想　B. 想都没想　C. 再想一想　D. 想不明白

5. 客人说我英俊，是因为有求于我，并非我真的比徐公更帅（　　）

   A. 就是　B. 并不是　C. 并且　D. 而且

四、选择与句中加点词语意思相同的一个。

1. 他穿好衣服，戴好帽子，边照镜子边问妻子。（　　）

   A. 明天的运动会照计划进行。

B. 阳光照进来，房间很暖和。

C. 在车窗前面，他也要照一照。

D. 请大家带上护照。

2. 妻子想都没想，答道："当然……"。（　　）

A. 你说得很有道理。

B. 孩子想了想，问道："为什么呢？"

C. 他对茶道很感兴趣。

D. 这道题太难了，我们都不会。

单元练习

一、朗读句子，注意加点词语的用法。

1. 数

说起北京烤鸭，最有名的要数全聚德了。

他的成绩在班上是数一数二的。

这群孩子中，数他主意多。

2. 难道

八点上课，难道你不知道吗？为什么又迟到了？

为什么抄作业？难道你自己不会做吗？

这么简单的工作，难道还让我教你吗？

3. 只有……，才……

只有遇到非常中意的人，我才会考虑结婚。

有人认为，只有考上名牌大学，才能找到好工作，你同意吗？

警察说："只有交完了罚款，才能把车取走。"

4. 再……也……

你说得再好听也骗不了我。

质量不好的东西，再便宜我也不买。

你再劝我也没用，我已经决定要跟他分手了。

5. 就是……也……

我今天就是不睡觉也要把作业写完。

我就是不买衣服也要存钱买车。

这里的天气很怪，就是夏天有时也会下雪。

6. 依我看，……

依我看，你应该跟他好好儿谈谈。

依我看，这是个好机会，你应该试一试。

依我看，朋友结婚，送钱比送礼物更好。

二、给下面的汉字注上拼音，然后选择填空。

数	竖	靠	戴	让	遮	透	摇	照	低
______	______	______	______	______	______	______	______	______	______

1. 上课的时候，他一直______着头看小说。
2. 两个人同时站了起来，要给老人______座儿。
3. 这种瓜要等熟______了才好吃。
4. 兄弟姐妹中______我个子最高。
5. 我______看电影提高了汉语水平。
6. 路口______着一块牌子，上面写着“禁止通行”。
7. 他用手______住了照相机，不让记者拍照。
8. 风很大，把小树吹得______来______去。
9. 结婚戒指一般______在无名指上。
10. 小李对着镜子______了半天才出门。

三、给下面的词语注上拼音，然后选择填空。

讨论	称赞	靠近	伟大	渺小	重要	道理	厉害	拜访	打量
______	______	______	______	______	______	______	______	______	______

1. 爱因斯坦（Albert Einstein）是一位________的物理学家。
2. 孩子站在妈妈身后，偷偷________这个陌生的客人。
3. 这个星期天，我要去________女朋友的父母，你有什么建议吗？
4. 在大自然面前，人类的力量是________的。
5. 你说的很有________，就按你说的办吧。
6. “民以食为天”，所以食品安全问题很________。
7. 客人________主人菜做得好，主人请客人多吃点儿。
8. 麦克的汉语特别________，听不出来是外国人。
9. 我们对这个问题进行了认真的________。
10. 上海既________大海，又________长江，交通很方便。

四、选择填空。

1. 你真____，这次考试竟然考了 100 分。

A. 了不起　　B. 对不起

2. 在图书馆借书，应该按时还，你____不知道吗？

A. 难道　　B. 哪里

3. ____自己做了父母，____能真正懂得父母的辛苦。

A. 只有……，才……　　B. 虽然……，但是……

4. 这件事发生得太____了，大家都不知道该怎么办才好。

A. 忽然　　B. 突然

5. 对我来说，没有什么比妈妈做的饭____好吃的了！

A. 更　　B. 很

6. 我的口语____你，你说得比我流利多了。

A. 比得上　　B. 比不上

7. 结婚是人生大事，____，你还是再考虑一下吧。

A. 看一看　　B. 依我看

8. 我的汉语比他____，还需要继续学习。

A. 差远了　　B. 差不多

HSK 拓展训练

一、请选出正确答案。

1. 中国的第一运动＿（1）＿乒乓球，也不是羽毛球，而是麻将。有中国人的地方就有麻将。无论是逢年过节，还是朋友聚会，打麻将是中国人最普通＿（2）＿的休闲活动了。打麻将的时候，四位玩家要＿（3）＿自己面前的麻将牌两两“码”在一起，然后连成长长的一条，就像长城的样子，所以“打麻将”还有一个＿（4）＿叫“码长城”。

（1）A. 既不是　B. 虽不是　C. 就是　D. 还是

（2）A. 不过　B. 不如　C. 不好　D. 也不

（3）A. 在　B. 给　C. 对　D. 将

（4）A. 笔名　B. 俗名　C. 大名　D. 姓名

2. 港珠澳大桥，长 55＿（5）＿，是目前世界上最长的跨海大桥。这＿（6）＿大桥，连接的不仅仅是广东、香港、澳门三地，＿（7）＿，因为它而形成的 5.6 万平方千米的＿（8）＿，将成为又一个世界级的经济中心区。

（5）A. 米　B. 厘米　C. 公斤　D. 千米

（6）A. 座　B. 条　C. 道　D. 列

（7）A. 不是不可能的　B. 更重要的是
C. 让人感动的是　D. 印象深刻的是

（8）A. 城市　B. 部分　C. 区域　D. 郊区

二、请选出与短文内容一致的一项。

1.42% 的人边开车边吃东西，30% 的人每年只清理车内一次，10% 的人从不打扫车内。研究人员发现，汽车方向盘上的细菌数量是公共厕所马桶盖上的九倍，对不讲卫生的驾车族来说，汽车简直就是一个移动的垃圾桶。

A. 大部分人边开车边吃东西

B. 大部分人半年打扫一次车内卫生

C. 汽车方向盘比公共厕所马桶盖更脏

D. 汽车上应该准备一个垃圾桶

2. 2018 年，中国森林面积达到了 2.2 亿公顷，森林覆盖率达 23%。其中，人工林面积居世界首位。中国持续开展着世界上最大规模的全民义务植树活动，20 多年来，共有 115 亿人次参加了义务植树活动，总共植树 538.5 亿棵。

A. 中国的森林面积居世界第一

B. 中国已开展了 20 多年全民义务植树活动

C. 中国有 115 亿人参加过植树

D. 中国一共有 538.5 亿棵树

第 8 单元

精读篇

东郭先生和狼

阅读要求：约 500 字，阅读时间 8.5 分钟，答题时间 15 分钟。

导　读

关于狼的故事有很多：《小红帽》里穿着老奶奶衣服的“狼外婆”、《三只小猪》里吹倒草房子的大灰狼……这一课讲的是一位教书先生和一只狼的故事。

读前准备

1. 下面哪些特点是关于狼的？

食肉动物　　喜欢爬树　　成群活动　　鼻子很长

夜间活动　　头上有角　　有花纹　　叫声可怕

2. 请说说狼与狗相似的地方和不同的地方。

课　文

1　从前，东郭住着一位教书先生。一天，他用驴驮着一袋书到中山国去。

2　突然，一只受伤的狼跑到他面前，对他说：“先生，猎人的箭射中了我，他还在追我，求求您，救救我吧！以后我会好好报答您的。”东郭先生觉得狼很可怜，就同意了。他让狼把身体缩起来，藏在自己的书袋里。

3　不一会儿，猎人追了上来，他问东郭先生：“您看没看见一只狼？它往哪里跑了？”东郭先生摇摇头，说：“没看见。”猎人信以为真，骑着马走了。

4　狼在书袋里听见猎人的马跑远了，就对东郭先生说：“求求您把我放出来吧。”东郭先生把狼放了出来，不料，狼刚出来，就恶狠狠地对东郭先生说：“我现在饿极了，你就再做一次好事，让我吃掉你吧。”说着，狼向东郭先生扑了过去。

5 这时，恰好有一位农夫扛着锄头路过，东郭先生急忙拉住他，给他讲了自己救狼，狼却要吃自己的事。狼一口否认东郭先生救过它的命，农夫想了想说：“你们两个的话，我都不相信，这只书袋这么小，怎么可能装下一只大狼呢？请再装一次，让我亲眼看一看。”狼同意了，又缩成一团，让东郭先生把它装进了书袋里。狼刚一进书袋，农夫就立即用绳子把书袋口紧紧地系了起来。农夫对东郭先生说：“你竟然救狼，简直太糊涂了。”说罢，农夫帮东郭先生把狼打死了。

生　词

1. 袋	dài	（名）	bag; sack
2. 受伤	shòushāng	（动）	be injured
3. 猎人	lièrén	（名）	hunter
4. 箭	jiàn	（名）	arrow
5. 射	shè	（动）	shoot (an arrow)
6. 救	jiù	（动）	save
7. 报答	bàodá	（动）	repay (one's kindness); requite
8. 缩	suō	（动）	contract; shrink
9. 藏	cáng	（动）	hide
10. 不料	bùliào	（连）	unexpectedly; to one's surprise
11. 恶狠狠	èhěnhěn	（形）	fierce; ferocious
12. 扑	pū	（动）	pounce on sb./sth.
13. 农夫	nóngfū	（名）	farmer
14. 锄头	chútou	（名）	hoe
15. 急忙	jímáng	（副）	in a hurry; hastily
16. 否认	fǒurèn	（动）	deny; negate
17. 立即	lìjí	（副）	immediately; at once
18. 绳子	shéngzi	（名）	rope
19. 系	jì	（动）	tie; fasten
20. 简直	jiǎnzhí	（副）	simply; virtually
21. 罢	bà	（动）	finish

语言点

一、射中

“中（zhòng）”用在少数单音节动词后，做结果补语，主要有两种意思：（1）表示由于对得很准，出去的物体触及了目标，如“射中、打中、投中”；（2）表示因为恰好符合某一标准而达成了目的，如“猜中、选中、看中”等。

◆ 选择合适的词语填空。

A. 看中　　B. 投中　　C. 猜中　　D. 打中

1. 比赛的时候，他一枪就__________了 10 环。
2. 小李__________了一部新上市的手机，打算买下来。
3. 这场篮球比赛，他一共__________了 3 个三分球。
4. 太好了，这个谜语的答案只有我__________了！

二、缩成

“成”用在动词后做补语，主要表示两种意思：（1）表示成功或实现，如“谈成、办成、去成”，可插入“得、不”，表示可能，如“谈得成 / 谈不成”“办得成 / 办不成”；（2）表示成为或变为，如“长成、变成、当成、读成、翻译成、改编成”，这时必须带宾语，一般不能插入“得、不”。

◆ 选择合适的词语填空。

A. 看成　　B. 读成　　C. 改编成　　D. 办成

1. 听说有位导演打算把这部小说__________电影。
2. 刚才我打错电话了，我把“1”__________“7”了。
3. 这件事只有他能__________，你还是请他帮忙吧。
4. 四和十的发音很像，我常把四__________十。

读后练习

一、回答问题。

1. 谁打伤了狼？谁打死了狼？
2. 东郭先生为什么救狼？

二、判断正误。

1. 东郭先生姓郭，是中山国人。 (　　)
2. 被猎人追杀的狼，求东郭先生救它。 (　　)
3. 东郭先生让狼藏在了自己的书袋里。 (　　)
4. 东郭先生告诉猎人他没看见狼，猎人相信了。 (　　)
5. 狼被救后决定报答东郭先生。 (　　)
6. 农夫看到狼扑向东郭先生，赶紧跑了过来。 (　　)
7. 东郭先生请农夫帮他打死狼。 (　　)
8. 农夫既不相信东郭先生，也不相信狼。 (　　)
9. 狼进过两次书袋，都被放了出来。 (　　)
10. 狼刚一进书袋，农夫就帮东郭先生打死了它。 (　　)

三、选择加点词语的正确解释。

1. 东郭住着一位教书先生 (　　)

A. 卖书人　B. 老师　C. 读书人　D. 作家

2. 不一会儿，猎人追了上来 (　　)

A. 一会儿　B. 好一会儿　C. 好久　D. 多会儿

3. 猎人信以为真，骑着马走了 (　　)

A. 差点儿相信　B. 不能不相信
C. 不敢相信　D. 以为是真的

4. 不料，狼刚出来，就恶狠狠地对东郭先生说 (　　)

A. 早知道　B. 谁知　C. 没想好　D. 不知道

5. 这时，恰好有一位农夫扛着锄头路过 (　　)

A. 刚才　B. 正在　C. 正巧　D. 恰当

6. 请再装一次，让我亲眼看一看 (　　)

A. 瞪大眼睛　B. 睁开眼睛
C. 眯起眼睛　D. 用自己的眼睛

7. 狼同意了，又缩成一团 （ ）

A. 变小变圆　　B. 变大变胖　　C. 变高变大　　D. 变来变去

8. 说罢，农夫举起锄头来，把狼打死了 （ ）

A. 说吧　　B. 说好　　C. 说过　　D. 说完

四、选择与句中加点词语意思相同的一个。

1. 猎人的箭射中了我。 （ ）

A. 吃生豆角会中毒的。

B. 警察用枪打中了坏人的左手。

C. 他是我在旅行中认识的朋友。

D. 这个菜很漂亮，但是中看不中吃。

2. 农夫就立即用绳子把书袋口紧紧地系了起来。 （ ）

A. 看起来，小李今天不会来了。

B. 春天到了，天气渐渐暖和起来了。

C. 请大家把书合起来，不要看书。

D. 你坐得太久了，站起来运动一下。

五、选择句子的正确解释。

1. 狼一口否认东郭先生救过它的命。 （ ）

A. 狼完全不承认东郭先生救过它的命。

B. 狼不愿意东郭先生救它的命。

C. 狼不能肯定东郭先生救过它的命。

D. 狼不相信东郭先生救了它的命。

2. 这只书袋这么小，怎么可能装下一只大狼呢？ （ ）

A. 书袋里的狼是从哪里来的呢？

B. 你不应该把大狼装在这么小的书袋里面。

C. 你是怎么把一只大狼装进小书袋里的？

D. 这只书袋很小，肯定装不进一只大狼。

六、根据课文内容，选择正确答案。

1. 下面哪项与课文内容不符？（ ）

A. 东郭先生为了救狼骗了猎人

B. 狼是保护动物，猎人打狼是不对的

C. 狼要吃掉救它的东郭先生

D. 农夫把狼骗进袋子里，帮东郭先生把它打死了

2. 课文中的东郭先生是个什么样的人？（ ）

A. 非常聪明的人

B. 过分善良的人

C. 喜欢骗人的人

D. 不相信别人的人

七、联系课文，小组讨论下面的问题。

请试着讲一讲你听过的有关狼的故事。

泛读篇

公差与和尚

阅读要求：共 450 字，阅读时间 8 分钟，答题时间 10 分钟。

1 一位公差押着一名犯了罪的和尚去京城。每天早晨公差来后，都要检查身边的四样东西。第一样是钱袋，里面装的是路费；第二样是公文，将公文交到京城才算完成任务；第三样是和尚；第四样是自己。

2 日复一日，郊外的小路上经常只有他们两个人，两人很寂寞，免不了聊上几句。久而久之，他们的关系越来越像朋友了。

3 这一天，两人赶了一天路，晚上住在一个庙里。和尚对公差说，前面有个集市，我去给你打点儿酒，今天好好放松一下。公差给和尚打开了枷锁，

放他去了。和尚打酒回来，还买了不少下酒菜。公差喝得大醉，沉沉地睡去了。和尚 一看，机会来了，他掏出一把刚买来的剃刀，嗖嗖嗖，将公差的头发剃光了，又将公差的衣服脱下来，自己换上，将自己的僧袍给公差穿上，然后趁着天黑逃走了。

4 第二天，公差醒来后开始检查东西：钱袋还在，公文也在，和尚呢？怎么也找不到。公差抓着头皮想：和尚哪儿去了呢？咦？头是光的！低头再一看，身上穿着僧袍，他恍然大悟，原来和尚也在！

5 前三样都在，第四样就该找自己了。公差四处找，可是怎么也找不着自己，心里很纳闷儿：我到哪里去了呢？

生　词

公差 gōngchāi	押 yā	犯罪 fànzuì	公文 gōngwén
任务 rènwu	郊外 jiāowài	寂寞 jìmò	赶路 gǎnlù
枷锁 jiāsuǒ	掏 tāo	剃 tì	嗖 sōu
僧袍 sēngpáo	趁 chèn	咦 yí	纳闷儿 nàmènr

读后练习

一、根据课文，回答问题。

1. 公差每天都要检查哪四样东西？
2. 四样东西中最后丢了哪一样？

二、根据课文，判断正误。

1. 公差押着一个和尚，带着四样东西去京城。（　　）
2. 路上经常只有他们两个人，于是公差跟和尚变成了朋友。（　　）
3. 和尚在集市上只买了酒和下酒菜。（　　）
4. 一路上，和尚一直想找机会逃走。（　　）
5. 最后公差竟然把自己当成了和尚。（　　）

三、选择加点词语的正确解释。

1. 第一样是钱袋，里面装的是路费 （　　）

A. 住宿用的钱　　B. 吃饭用的钱

C. 交通上用的钱　　D. 旅途中用的钱

2. 日复一日，郊外的小路上经常只有他们两个人 （　　）

A. 一天又一天　　B. 过了几天　　C. 第二天　　D. 过了两天

3. 两人很寂寞，免不了聊上几句 （　　）

A. 免得　　B. 懒得　　C. 只有　　D. 不免

4. 久而久之，他们的关系越来越像朋友了 （　　）

A. 过了不久　　B. 过了很久　　C. 等了很久　　D. 过了多久

四、选择与句子中加点词语意思相同的一个。

1. 将公文交到京城才算完成任务。 （　　）

A. 你帮我算一下，一共多少钱？

B. 算了，你别说了，就这样吧。

C. 零度不算冷，最冷的时候零下17度。

D. 这件事我说了不算，得问总经理。

2. 两人赶了一天的路，晚上住在一个破庙里。 （　　）

A. 爸爸一生气，把儿子赶出了家。

B. 我去上班的时候，正赶上堵车。

C. 这个报告下班以前必须赶出来。

D. 年轻人都喜欢赶时髦，流行什么就学什么。

五、根据课文，按照故事发生的顺序，给下面的句子排序。

[1] 公差给和尚打开枷锁，让他去买酒。

[ ] 公差喝醉以后睡着了。

[ ] 公差睡醒了到处找和尚。

□ 和尚在集市上买了酒、下酒菜和剃刀。

□ 公差把自己当成了和尚。

□ 和尚剃光了公差的头发。

□ 和尚穿着公差的衣服逃走了。

成语篇

滥竽充数

阅读要求：约410字，阅读时间7分钟，答题时间10分钟。

1 古时候，有一位国王，他喜欢听吹竽，尤其喜欢听很多人一起吹竽。吹竽的人越多，声音越大，他就听得越高兴。每次他总是叫三百个乐师一起吹给他听。

2 有一位南郭先生，听说国王给乐师的待遇很高，又听说国王喜欢乐师们一起吹竽给他听，觉得这是个好机会。他请人向国王介绍，说自己是吹竽的高手，国王便让他加入了乐队。

3 其实南郭先生根本不会吹竽，每次演奏的时候，他混在乐队中间，学着别人的样子，假装十分卖力地吹竽，其实他的竽一点儿声音也没有。南郭先生混了一天又一天，和其他乐师一样，他每个月都能从国王那里领到很多钱。好几年过去了，居然没有人发现他根本不会吹竽。

4 后来老国王去世了，他的儿子当上了国王。新国王和他的父亲一样，也喜欢听吹竽，不过，他不爱听很多人一起吹，而是喜欢听一个人吹竽，于是他让乐师们一个个单独吹给他听。

5 南郭先生听说后心里非常紧张，如果被发现他根本不会吹竽，是要被杀头的！南郭先生再也混不下去了，只好收拾行李，悄悄地溜走了。

生　词

滥竽充数 lànyú-chōngshù　乐师 yuèshī　加入 jiārù　演奏 yǎnzòu
混 hùn　假装 jiǎzhuāng　去世 qùshì　单独 dāndú
收拾 shōushi　行李 xíngli　悄悄 qiāoqiāo　溜 liū

读后练习

一、判断正误。

1. 国王和他的儿子都喜欢吹竽。（　　）
2. 南郭先生对国王说他很会吹竽，国王就让他参加了乐队。（　　）
3. 南郭先生利用老国王的爱好，在乐队里混了很长时间。（　　）
4. 南郭先生很卖力地吹竽，却吹不出声音。（　　）
5. 新国王发现南郭先生不会吹竽，就让他离开了乐队。（　　）

二、选择加点词语的正确解释。

1. 他喜欢听吹竽，尤其喜欢听很多人一起吹竽（　　）
A. 其他　B. 特别　C. 其实　D. 还是

2. 听说国王给乐师的待遇很高（　　）
A. 工资福利　B. 态度　C. 表扬　D. 要求条件

3. 他请人向国王介绍，说自己是吹竽的高手（　　）
A. 受欢迎的人　B. 名气大的人
C. 水平高的人　D. 个子高的人

4. 他就混在乐队中间，假装十分卖力地吹竽（　　）
A. 尽力　B. 吃力　C. 有力　D. 力量

5. 居然没有人发现他根本不会吹竽（　　）
A. 当然　B. 忽然　C. 果然　D. 竟然

三、选择与句中加点词语意思相同的一个。

1. 每次他总是叫三百个乐师一起吹给他听。（　　）

A. 在网上认识的朋友叫"网友"。

B. 妈妈叫我早点儿回家。

C. 我们叫了外卖，还没送来。

D. 一大早，邻居家的狗就叫个不停。

2. 南郭先生再也混不下去了。（　　）

A. 我常常把这两个词搞混。

B. "混蛋"是骂人的话。

C. 他在乐队里混了一天又一天。

D. 先打两个鸡蛋，和面粉混在一起。

四、根据课文内容，选择正确答案。

1. 南郭先生是一个什么样的人？（　　）

A. 吹竽的高手

B. 聪明勇敢的人

C. 爱钱如命的人

D. 不懂装懂、骗吃骗喝的人

2. "滥竽充数"这个成语的意思可能是：（　　）

A. 不好的东西混在好东西里

B. 假的当成了真的

C. 看不出来是真的还是假的

D. 好东西混在不好的东西里

单元练习

一、朗读句子，注意加点词语的用法。

1. 不料

本来以为两点就能到家了，不料路上堵车，四点多才到家。

早上天气还好好的，不料午饭后却下起雨来了。

本想周末去逛街，不料公司要加班，去不成了。

2. 恰好

你要找的那本书恰好我这里有。

这块布恰好能做一条裙子。

我正要找他，恰好他打来电话。

3. 简直

你简直太糊涂了，出国怎么能不带护照呢？

几年不见，他的变化太大了，简直像换了一个人一样。

她的汉语说得简直跟中国人一样好。

4. 罢

说罢，他头也不回地走了。

吃罢早饭，我们就出发了。

一曲唱罢，台下立即响起了热烈的掌声。

5. 尤其

我喜欢运动，尤其喜欢打篮球。

他的汉语水平很高，尤其是口语。

我喜欢吃中国菜，尤其喜欢吃北京烤鸭。

6. 趁

趁热吃吧，饺子凉了就不好吃了。

趁春节长假去国外旅行的中国人越来越多了。

趁年轻，多学点知识，很重要。

二、给下面的汉字注上拼音，然后选择填空。

射	缩	藏	救	系	扑	赶	掏	混	溜
______	______	______	______	______	______	______	______	______	______

1. 上课时手机突然响了，我赶紧______出手机，关掉了。
2. 小偷______进房间，从我包里偷走了钱包和手机。
3. 很可惜，球没有______中，打在了门柱上。
4. ______人哪，有人掉到河里啦。
5. 有人喜欢把啤酒和雪碧______在一起喝。
6. 妈妈把弟弟的游戏机______了起来，弟弟很生气。
7. 冬天房间里很冷，我______在被子里面睡觉。
8. 狼一下子就把羊______倒了。
9. 明天早上我们还得______飞机呢，今晚早点睡吧。
10. 幼儿园的运动会上，孩子们在比赛穿衣服、______鞋带。

三、给下面的词语注上拼音，然后选择填空。

报答	不料	亲眼	立即	否认	寒冷	收拾	尤其	假装	演奏
______	______	______	______	______	______	______	______	______	______

1. 客人马上就要到了，赶紧________一下客厅。
2. ________的冬天，吃一顿热腾腾的火锅，再舒服不过了。
3. 东郭先生救了狼，可狼不但不________，还要吃他。
4. 北京的气候比较干燥，________是春天，很少下雨。
5. 我想去北京旅行，________看一看故宫、长城、颐和园。
6. 病人的情况非常危急，需要________做手术。
7. 这个学生因为________生病不来上课，受到了老师的批评。
8. 聚会的时候，他为大家________了一首中国曲子。
9. 这对明星夫妻________了他们已经离婚的说法。
10. 刚才还是大晴天，________突然下起雨来了。

四、选择填空。

1. 狼一从书袋里出来，就向东郭先生扑____。

A. 过来　　B. 起来

2. 一个房间怎么住得____这么多人呢？

A. 上　　B. 下

3. 我只不过是开个玩笑____，没想到他真的生气了。

A. 不了　　B. 罢了

4. 我认错了人，把他当____了我的同学。

A. 成　　B. 然

5. 买票的队伍太长了，____看不到队尾。

A. 不料　　B. 简直

6. 朋友说要去云南旅行，____我也正想去云南呢！

A. 恰好　　B. 恰恰

7. 我觉得汉语的发音很难，____是声调。

A. 尤其　　B. 其实

8. 我对你的建议很感兴趣，请你说____。

A. 下来　　B. 下去

HSK 拓展训练

一、请选出正确答案。

1. 汉语是有声调的＿（1）＿，声调不同，意思就不一样。古代汉语中不同的声调常常代表不同的词性。比如“衣”，读“yī”时是名词，“衣服”的意思；读第四声“yì”时就＿（2）＿了动词，是“穿”的意思。现代汉语里也还有＿（3）＿，比如说“墙上钉着一个钉子”“背上背着一个书包”，就是＿（4）＿声调来区分动词和名词的。

（1）A. 说话　B. 语言　C. 外语　D. 言语
（2）A. 变　B. 换　C. 改　D. 成
（3）A. 这种现象　B. 这样说
C. 这么麻烦　D. 这个发音
（4）A. 被　B. 在　C. 用　D. 把

2. 有人说，在＿（5）＿材质的杯子里，玻璃杯是最健康的。这是因为，玻璃杯的制作过程＿（6）＿化学物质，当人们用玻璃杯喝水的时候，不用＿（7）＿化学物质会被喝进肚子里，而且玻璃＿（8）＿，容易清洗，细菌和污垢不容易残留。

（5）A. 当然　B. 任何　C. 什么　D. 所有
（6）A. 不在　B. 不含　C. 包括　D. 存在
（7）A. 担心　B. 紧张　C. 放心　D. 不安
（8）A. 表面光滑　B. 款式新颖
C. 颜色大方　D. 材料柔软

二、请选出与短文内容一致的一项。

1. 手机普及以后，手机短信成了当时最流行的拜年方式，除了“新春快乐”“万事如意”这些传统问候语以外，还有很多精彩的拜年段子，如：“祝你百事可乐！万事芬达！心情雪碧！天天娃哈哈！月月乐百事！年年高乐高！”

A. 当时用手机短信拜年很流行
B. 拜年段子不如传统问候语
C. 中国有很多拜年的传统方式
D. 手机短信里有很多广告

2. 环保人士号召在餐厅用餐时不要使用一次性筷子。据统计，中国每年生产约450 亿双一次性木筷；而一棵生长了 20 年的大树，仅能制成 3000 ～ 4000 双筷子。如此算来，我们一年要吃掉超过 1000 万棵树。

A. 环保人士号召大家不要用筷子

B. 我国每年生产大约 450 亿双筷子

C. 一棵大树可以做 4000 多双筷子

D. 为了生产一次性筷子，中国一年用掉超过 1000 万棵树

第 9 单元

精读篇

预言

阅读要求：约 560 字，阅读时间 9.5 分钟，答题时间 15 分。

导　读

生活中，有时别人会对我们做出各种各样的预言，面对这些预言，我们该怎么做？这一课要讲的是一位女画家的故事，她曾经被预言“只能以教画为生”，但是她通过努力粉碎了别人的预言。

读前准备

1. 成功的人应具有哪些条件和品质？请选择你认为最重要的三个。

聪明	努力	有计划	积极主动
自信	性格好	有目标	善于交流

2. 你喜欢画画吗？你最喜欢的画家是谁？

课　文

1　在一所著名的艺术学校里，一位男生正在为找不到自己的肖像模特儿而发愁。这位男生各方面的条件都很优秀，画得也很出色，但却是一个自以为是的人，他说话很不客气，谁都不放在眼里。因此，没有女生愿意做他的模特儿。

2　男生只好把希望放在了同校最不起眼的一个女生身上，她长得很普通，穿着也很普通……要不是现在急着找模特儿，他才不会理她呢。

3　这位女生虽然没有拒绝，但也没有马上答应。看到女生还有一些犹豫，男生便接着说：“没关系，我以后会成为大画家，而你可能只能以教画为生。”

4　“这话是什么意思呢？你尽管放心，你将来只不过是个普普通通的老师，因此我给你画的肖像即使传出去，也不会影响你的形象，因为谁认识你啊？

而且等我以后成了大画家，你还会因为我给你画的肖像而出名呢，这对你来说可是个难得的好机会。”

5 明明是求别人帮忙，话却说得这么难听，一般人肯定不会答应做他的模特儿的。可这位女生不但没有生气，反而痛快地答应了男生的请求，做他的肖像模特儿。

6 八年后，这位被预言“只能以教画为生”的女生，成了著名的女画家，并且成功地在全国最有名的美术馆举办了个人画展；而那位男生却一生默默无闻，留下的唯一一件作品就是他为女画家画的那幅肖像。

7 我们无法阻止别人对自己做出“预言”，但我们可以像这位女画家那样，不把别人的“预言”放在心上，努力做好自己的事，用自己的成功粉碎别人的“预言”。

生　词

1. 预言	yùyán	（名、动）	prediction; predict
2. 著名	zhùmíng	（形）	famous
3. 艺术	yìshù	（名）	art
4. 肖像	xiàoxiàng	（名）	portrait; portraiture
5. 模特儿	mótèr	（名）	model
6. 发愁	fāchóu	（动）	worry; be anxious
7. 优秀	yōuxiù	（形）	outstanding; excellent
8. 出色	chūsè	（形）	outstanding; remarkable
9. 自以为是	zìyǐwéishì	（成）	be self-righteous; believe sth. to be correct opinionatedly
10. 穿着	chuānzhuó	（名）	dress; apparel
11. 接着	jiēzhe	（副）	continuously; then
12. 尽管	jǐnguǎn	（副）	not hesitate to; feel free to
13. 形象	xíngxiàng	（名）	image
14. 出名	chūmíng	（形）	famous; well-known
15. 难得	nándé	（形）	hard or not possible to come by
16. 明明	míngmíng	（副）	obviously

17. 请求	qǐngqiú	（名）	request
18. 举办	jǔbàn	（动）	hold (a meeting, exhibition, etc.)
19. 画展	huàzhǎn	（名）	art exhibition
20. 一生	yīshēng	（名）	all one's life; lifetime
21. 唯一	wéiyī	（形）	only; sole
22. 作品	zuòpǐn	（名）	work; opus
23. 阻止	zǔzhǐ	（动）	stop; prevent
24. 粉碎	fěnsuì	（动）	smash; break into pieces

语 言 点

一、不放在眼里、不起眼

“不放在眼里”是“看不起”的意思；“不起眼”是“十分普通，不被人注意”的意思。汉语中有很多跟“眼”字有关的俗语，常用的有“眼中钉、红眼病、抢眼、眼馋（chán）”等。

◆ 不查词典，试着将下面的俗语与意思连起来。

1. 眼馋　　A. 对别人的名或利心怀嫉妒的毛病
2. 眼中钉　　B. 很显眼，引人注目
3. 红眼病　　C. 指不喜欢的人、讨厌的人
4. 抢眼　　D. 很想得到

二、难得、难听

“难＋动词”主要表示两种意思：（1）表示做起来很费力，不容易，如“难学、难写、难走、难得”等；（2）表示使人不舒服的，如“难看、难听、难吃、难闻”等。与“难＋动词”意思和用法相对的是“好＋动词”，表示“容易”的有“好学、好写、好用、好办”等；表示“使人满意的”，如“好看、好听、好吃、好闻”等。

◆ 选择合适的词语填空。

A. 好办　　B. 好用　　C. 难走　　D. 难闻

1. 冰箱里有__________的味道，你该清理一下冰箱了。
2. 这件事不太__________，我也帮不了你。

3. 这条路真__________，总是堵车。

4. 这支笔不太__________，你有笔吗？借我一支。

读后练习

一、回答问题。

1. 男生预言自己将来会怎样？

2. 男生预言女生将来会过怎样的生活？

3. 男生的预言成为现实了吗？结果怎么样？

二、判断正误。

1. 男生就读于一所著名艺术学校，他品学兼优。（ ）

2. 因为找不到模特儿，男生一直在发愁。（ ）

3. 女画家年轻时靠在艺术学校当肖像模特儿生活。（ ）

4. 男生开始并不想找这位女生做模特，因为她长得太丑了。（ ）

5. 男生很自以为是，他告诉女生她会因为自己画的肖像而出名。（ ）

6. 男生认为自己以后能成为画家，而这位女生不可能。（ ）

7. 女生开始有一些犹豫，后来痛快地答应了男生的请求。（ ）

8. 女画家在个人画展中展出了男生给她画的肖像。（ ）

9. 男生后来因为女画家的那幅肖像而出名。（ ）

10. 女画家用自己的成功粉碎了男生成为大画家的梦想。（ ）

三、选择加点词语的正确解释。

1. 这位男生各方面的条件都很优秀，画得也很出色（ ）

A. 颜色漂亮　B. 普普通通　C. 色彩不同　D. 超过一般

2. 他说话很不客气，谁都不放在眼里（ ）

A. 看不起　B. 看不到　C. 看不清　D. 看不完

3. 男生只好把希望放在了同校最不起眼的一个女生身上（ ）

A. 最不熟悉　B. 最不引人注意

C. 最没有眼光　　D. 眼睛最小

4. 你可能只能以教画为生　（　　）

A. 为了　B. 以为　C. 依靠　D. 因为

5. 你尽管放心　（　　）

A. 完全可以　B. 没有必要　C. 不管怎么　D. 不要那么

6. 你将来只不过是个普普通通的老师　（　　）

A. 仅仅　B. 还好　C. 只好　D. 至少

7. 那位男生却一生默默无闻　（　　）

A. 同意但没有说出来　B. 没有名气，不被人知道

C. 自言自语地说　D. 不跟朋友们联系

8. 我们可以像这位女画家那样，不把别人的“预言”放在心上　（　　）

A. 满意　B. 小心　C. 注意　D. 在意

四、选择与句中加点词语意思相同的一个。

1. 一位男生正在为找不到自己的肖像模特儿而发愁。　（　　）

A. 我在北京的留学生活紧张而愉快。

B. 我很努力，而成绩还是不太理想。

C. 四川因为出产大熊猫而出名。

D. 我不是没有意见，而是不想说。

2. 要不是现在急着找模特儿，他才不会理她呢。　（　　）

A. 我去理个发，一会儿就回来。

B. 吵架以后，他俩就谁也不理谁了。

C. 我是学文的，我爱人是学理的。

D. 你讲不讲理？撞了我，还骂人！

五、选择句子的正确解释。

1. 肖像即使传出去，也不会影响你的形象。　（　　）

A. 如果肖像传出去，就会影响你的形象。
B. 就是肖像传出去，也不会影响你的形象。
C. 如果肖像不传出去，就不会影响你的形象。
D. 只有肖像传出去，才会影响你的形象。

2. 女生不但没有生气，反而痛快地答应了男生的请求。 （ ）

A. 女生虽然生气，但是痛快地答应了男生的请求。
B. 女生因为生气而没有答应男生的请求。
C. 女生不但生气，而且没有答应男生的请求。
D. 女生没有生气，而且痛快地答应了男生的请求。

六、根据课文内容，选择正确答案。

1. 下面哪一项与课文内容相符？ （ ）

A. 男生因为要求太高而找不到模特儿
B. 女画家上学时各方面都很普通，并不优秀
C. 男生没有成为大画家是因为女生的预言
D. 女生因为男生太自以为是而拒绝做他的模特儿

2. 这篇文章主要告诉我们什么？ （ ）

A. 各方面都很优秀的人不一定能成功
B. 人应该用自己的成功粉碎别人对自己的轻视
C. 成功的总是那些最不起眼的人
D. 即使不愿意，也应该尽量帮助别人

七、联系课文，小组讨论下面的问题。

如果有一天，那位男生碰巧遇到了女画家，他们两人会说些什么呢？

泛读篇

言外之意

阅读要求：约420字，阅读时间7分钟，答题时间10分钟。

1　星期天，张三请李四、王五、赵六、马七四个朋友在家中小聚。李四、王五、赵六三位客人都到了。约好的时间已经过了，可是马七还没来。张三心里有些着急，就随口说："怎么搞的，该来的还不来？"

2　听了张三的话，李四、王五、赵六你看看我，我看看你，心里不免嘀咕："该来的还不来，那我们是不该来的了？"张三发现自己的话不妥，刚要解释，李四已经站起来了，说："老张，我家里还有事，先告辞了！"

3　张三一看李四走了，更着急了，自言自语地说："嗐！真是的！不该走的怎么又走了呢？"

4　王五一听，心里很不是滋味，对赵六说："李四是不该走的，那我们就是该走的了！"说罢，气呼呼地走了。

5　赵六平时跟张三关系最好，他看一连走了两位客人，就提醒张三："你说话要注意一点儿，要不会得罪人的。"张三急忙解释说："可我说的不是他们呀！"赵六一听，也火了："你不是说他们，那你说的是我吧？"说完，赵六头也不回地离开了。

6　朋友们都走了，房间里只剩下张三一个人，他心里非常后悔："唉！我怎么这么不会说话呀！"

生　词

言外之意 yánwàizhīyì	随口 suíkǒu	嘀咕 dígu	发现 fāxiàn
自言自语 zìyán-zìyǔ	嗐 hài	滋味 zīwèi	气呼呼 qìhūhū
关系 guānxi	一连 yīlián	提醒 tíxǐng	得罪 dézuì
火 huǒ	后悔 hòuhuǐ		

读后练习

一、回答问题。

1. 看到马七没来，张三说了什么？李四他们觉得这句话的意思是什么？
2. 看到李四走了，张三说了什么？王五觉得这句话的意思是什么？
3. 张三对赵六说“我说的不是他们”，赵六觉得这句话的意思是什么？

二、选择加点词语的正确解释。

1. 张三心里有些着急，就随口说 （　　）

A. 急忙　B. 大声　C. 顺口　D. 马上

2. 怎么搞的，该来的还不来 （　　）

A. 怎么办　B. 怎么回事　C. 怎么样　D. 怎么啦

3. 张三发现自己的话不妥 （　　）

A. 不合适　B. 不客气　C. 不礼貌　D. 不认真

4. 老张，我家里还有事，先告辞了 （　　）

A. 抱歉　B. 感谢　C. 离开　D. 告诉

5. 张三一看李四走了，就更着急了，自言自语地说 （　　）

A. 自己说自己　B. 不言不语
C. 自己的语言　D. 自己跟自己说话

6. 王五一听，心里很不是滋味 （　　）

A. 不放心　B. 不舒服　C. 不好听　D. 不明白

7. 你说话要注意一点儿，要不会得罪人的 （　　）

A. 不然　B. 不要　C. 要是　D. 但是

8. 你说话要注意一点儿，要不会得罪人的 （　　）

A. 让人失败　B. 让人不愉快
C. 让人犯错误　D. 让人离开

三、选择与句中加点词语意思相同的一个。

1. 约好的时间已经过了，可是马七还没来。（　　）

A. 过马路时，要小心汽车。

B. 王府井站过了，我们忘了下车。

C. 考试前，我把生词又过了一遍。

D. 晚饭吃得过多，对身体不好。

2. 赵六一听，也火了。（　　）

A. 那场森林大火烧了两个星期。

B. 我有点儿上火，脸上长了个包。

C. 这款手机最近卖得很火。

D. 他一听就火了，摔门走了。

四、根据课文内容，选择正确答案。

1. 关于张三，下面哪一项与课文内容不符？（　　）

A. 星期天张三请了四位客人

B. 张三说话不注意，得罪了朋友

C. 张三请的客人全都被他气走了

D. 张三的话特别容易让人误会

2. 从这篇故事中，我们知道了什么？（　　）

A. 不要交不准时的朋友

B. 说话不注意很容易得罪人

C. 去做客时一定不要迟到

D. 要多提醒朋友注意说话

成语篇

伯乐[1]相马

阅读要求：约 430 字，阅读时间 7 分钟，答题时间 10 分钟。

1 楚王[2]想买一匹日行千里的骏马，他听说伯乐是识别骏马的高手，就请伯乐帮他去买马。

2 伯乐去了出产名马的燕国[3]和赵国[4]，没有发现中意的骏马。回楚国的路上，伯乐看到一匹马拉着车，累得气喘吁吁的，不由得走了过去。那匹马突然扬起头，大声嘶鸣，伯乐一听，就知道是一匹难得的好马。

3 伯乐对车夫说："这是一匹好马，用来拉车，太可惜了，你把它卖给我吧。"车夫觉得伯乐真是个大傻瓜，这匹马这么瘦，拉车都没有力气，怎么可能是好马呢？于是，车夫毫不犹豫地同意了。

4 伯乐把马牵到楚王面前，楚王见这匹马瘦得不成样子，有点儿不高兴，说："我相信你会看马，才让你买马，可你买的是什么马呀？这么瘦，能上战场吗？"

5 伯乐说："这确实是一匹千里马，不过拉了一段时间车，所以很瘦。只要好好儿喂养，很快就会恢复的。"

6 楚王将信将疑，他让马夫认真喂马，果然，马越来越强壮。楚王骑上马，觉得两耳生风，一会儿工夫，就跑出了百里之外。

7 后来这匹马成了楚王最心爱的战马，如果没有遇到伯乐，这匹千里马也许一生都在拉车呢。

生 词

相 xiàng	识别 shíbié	出产 chūchǎn	中意 zhòngyì
嘶鸣 sīmíng	车夫 chēfū	可惜 kěxī	傻瓜 shǎguā
牵 qiān	战场 zhànchǎng	喂养 wèiyǎng	恢复 huīfù
马夫 mǎfū	强壮 qiángzhuàng	工夫 gōngfu	

注释：

1. 伯乐 Bólè：人名，以能识别好马著称。
2. 楚王：楚国国王。楚国，周朝国名，原来在今湖北和湖南北部，后来扩展到河南、安徽、江苏、浙江、江西和四川。
3. 燕国 Yānguó：周朝国名，在今河北北部和辽宁西部。
4. 赵国：周朝国名，在今山西北部和中部，河北西部和南部。

读后练习

一、回答问题。

1. 楚王想买什么样的马？
2. 那匹马开始被用来做什么？后来被用来做什么？

二、判断正误。

1. 楚王让伯乐去燕国和赵国买好马。（　　）
2. 伯乐一听马的叫声，就知道是好马。（　　）
3. 车夫觉得用好马拉车太可惜了，就把马卖给了伯乐。（　　）
4. 楚王见伯乐买的马很瘦，就让他好好喂马。（　　）
5. 那匹马后来跑得很快，逃到了很远的地方。（　　）

三、选择加点词语的正确解释。

1. 伯乐去了出产名马的燕国和赵国，没有发现中意的骏马（　　）

   A. 满意　B. 有意思　C. 愿意　D. 有意义

2. 伯乐看到一匹马拉着车，累得气喘吁吁的，不由得走了过去（　　）

   A. 不得不　B. 渐渐地　C. 不小心　D. 忍不住

3. 那匹马突然扬起头，大声嘶鸣（　　）

   A. 高高地抬起　B. 摇来摇去　C. 转来转去　D. 高高地举起

4. 楚王见这匹马瘦得不成样子，有点儿不高兴 (　　)

A. 不瘦　B. 更瘦了　C. 比较瘦　D. 太瘦了

5. 楚王骑上马，觉得两耳生风，一会儿工夫，就跑出了百里之外 (　　)

A. 以后　B. 时候　C. 时间　D. 过去

四、从课文中找出表示下列意思的词语，写在横线上。

1. 形容大口喘气，呼吸很急。 ________
2. 有点儿相信，又有点儿怀疑。 ________
3. 一点儿也不犹豫，很坚决。 ________
4. 形容跑得特别快，听得见耳边的风声。 ________

五、根据课文内容，选择正确答案。

1. "伯乐"这个词现在常用来形容下面哪种人？ (　　)

A. 有生意头脑的人
B. 能预测未来的人
C. 善于发现人才的人
D. 善于识别好马的人

2. 下面哪一项与课文内容不符？ (　　)

A. 楚国出产名马，所以伯乐在楚国买到了骏马
B. 虽然燕国、赵国出产名马，但伯乐并没有在那儿买马
C. 伯乐刚买回马时，楚王并不认为那是匹好马
B. 最后伯乐买回的马成了楚王最喜欢的战马

单元练习

一、朗读句子，注意加点词语的用法。

1. 为……而……

毕业生们为找不到理想的工作而烦恼。

世界上还有很多人为吃饭而发愁。

球迷们为自己喜欢的球队而欢呼。

2. 以……为生

开公司失败后，他以做小时工为生。

你打算以写作为生吗？

我想以画画为生，但我父母不同意。

3. 明明

为了不让父母担心，小李明明生病了，却说自己很好。

有的人明明知道吸烟对身体不好，却还是戒不了烟。

你明明听见了，为什么假装没听见？

4. 不但不 / 不但没有……，反而……

吃了药，病不但没有好，反而更重了。

东郭先生救了狼的命，可狼不但不感激，反而要吃掉他。

没想到这笔生意不但没有挣到钱，反而赔了很多钱。

5. 一连

一连好几天都是阴天，没出太阳。

我一连跑了好几家书店，才买到那本书。

接到了北大的入学通知书，我一连几天都高兴得睡不着。

6. 不由得

看到了自己喜欢的明星，歌迷们不由得叫了起来。

想起那些痛苦的往事，他不由得流下了眼泪。

这么晚了，会是谁呢？听到敲门声，她不由得紧张起来。

二、给下面的汉字注上拼音，然后选择填空。

理	传	求	约	接	搞	随	扬	牵	喂
______	______	______	______	______	______	______	______	______	______

1. 小李得奖的消息一______出去，朋友们都打电话来祝贺。
2. 因为小王太自以为是了，所以大家都不愿意______他。
3. 早上，住宅区里______着狗散步的人很多。
4. 这种鸟光______小米不行，还得______菜叶和水果。
5. 我们休息一会儿再______着开会。
6. 为了帮儿子找份好工作，爸爸只好______朋友帮忙。
7. 外面天冷风大，大家进出时请______手关门。
8. ______的两点见面，现在都快两点半了，他们怎么还不来？
9. 不知怎么______的，我又忘了带钥匙。
10. 长颈鹿的脖子很长，______起头就可以吃到树上的叶子。

三、给下面的词语注上拼音，然后选择填空。

举办	滋味	拒绝	难得	恢复	中意	著名	提醒	可惜	解释
______	______	______	______	______	______	______	______	______	______

1. 小李向女朋友求婚被________了，心里很难过。
2. 要不是你________我，我都忘了明天还有考试。
3. 北京有很多________的景点，比如故宫、长城、颐和园、天坛……
4. 2008 年，北京________了第 29 届奥林匹克运动会。
5. 这是一个________的机会，你千万不能错过。
6. 老师，这个词的意思我还不明白，您能再________一下吗？
7. 这么好的机会，如果错过了，那就太________了。
8. 我最喜欢的女孩要结婚了，我心里很不是________。
9. 休息了一段时间，李老师的身体渐渐________了。
10. 现在找工作很难，找到一个________的工作更难。

四、选择填空。

1. 这个学生太自以为是了，谁都____。

A. 不放在眼里　　B. 最不起眼

2. 他没找到工作，只好____做小生意____生。

A. 以……为……　　B. 因……而……

3. ____学生____，没有比学习更重要的事情了。

A. 对……来说　　B. 拿……来说

4. 你____早就知道了，为什么到现在才告诉我？

A. 悄悄　　B. 明明

5. 我帮了他，他____感谢我，____怪我。

A. 不但不……反而……　　B. 虽然……但是……

6. 我____问了好几个人，大家都说不知道。

A. 一直　　B. 一连

7. 明天得早点儿起床，____会迟到的。

A. 不要　　B. 要不

8. 这张老照片让我____想起了童年的往事。

A. 不由得　　B. 越来越

HSK 拓展训练

一、请选出正确答案。

1. 围棋在中国已有 4000 多年的历史了。从古代到现代，围棋的规则也不断发生＿（1）＿。现代围棋的＿（2）＿是黑白两色的，棋盘横竖各有 19 条线，一共有 361 个交点。虽然围棋的规则简单，但是与其他棋＿（3）＿，更需要动脑筋、费心思，这也许正是围棋吸引人的地方＿（4）＿。

（1）A. 变化　B. 变了　C. 解释　D. 说明

（2）A. 棋子　B. 棋手　C. 盘子　D. 旗子

（3）A. 看出来　B. 比下去　C. 合起来　D. 比起来

（4）A. 啦　B. 呢　C. 吧　D. 吗

2. 上周，故宫推出了年度大展"千里江山——历代青绿山水画特展"。画展的火爆程度＿（5）＿，参观者排起了长长的队伍，一排＿（6）＿几个小时，真的是"看展五分钟，排队三小时"。本次展览只＿（7）＿46 天，下次再想看，恐怕就要等到三年＿（8）＿了。

（5）A. 大吃一惊　B. 出人意料　C. 兴高采烈　D. 喜气洋洋

（6）A. 就是　B. 总是　C. 准是　D. 而是

（7）A. 一连　B. 持续　C. 坚持　D. 来到

（8）A. 以来　B. 今后　C. 未来　D. 以后

二、请选出与短文内容一致的一项。

1. 门钹是四合院门上用来敲门的响器，作用相当于今天的门铃。我们可以通过门钹看出主人的身份和地位：王府宅门的门钹是铜制的，上面雕有狮子头；官员、富商的门钹也是铜制的，一般是六角形或椭圆形的；普通老百姓家的门钹是铁制六角形的。

A. 门钹是用来敲门的，用于四合院

B. 只有王府才用铜质门钹

C. 有身份和地位的人家才能用门钹

D. 只有普通百姓家才用六角形门钹

2.“汉语桥”世界大学生中文比赛始于2002年，比赛内容包括汉语语言能力、中国国情知识、中国文化技能和综合学习能力。选手们首先在各自的国家参加预赛，优胜者来华参加复赛和决赛，还可获得来华留学奖学金。

A. 汉语桥是一种汉语水平考试

B. 汉语桥的比赛内容主要有四项

C. 汉语桥比赛分为预赛和决赛

D. 汉语桥选手可以获得奖学金

第10单元

精读篇

天堂里有没有大学

阅读要求：约590字，阅读时间10分钟，答题时间15分钟。

导　读

中国的大学入学考试，又称为高考，在每年6月7日和6月8日举行。考上理想的大学是每一个高中生的梦想，可以说高考会影响他们的人生。课文中的一对农村姐弟，同时迎来了上大学的机会，但是因为家里穷，弟弟做出了自己的选择……

读前准备

1. 你认为对大学生来说，下面花费最高的是哪三项？

A. 学费　　B. 住宿费　　C. 伙食费　　D. 交通费

E. 教材费　　F. 通信费　　G. 服装费　　H. 社交娱乐费

2. 你上大学的费用是自己挣的还是父母给的？

课　文

1　那年夏天，家里同时收到了两份大学录取通知书，全村都炸开了锅，我们一家人也兴奋得不得了。可是没过多久，母亲便发起愁来，每年近万元的学费，对我家来说，无疑是个天文数字。

2　母亲把我和弟弟叫到一起，说："凭咱家这个经济能力，只能供一个人去念书……"弟弟说："姐，你去吧。"我说："还是让弟弟去吧，我早晚要嫁人的。"那天晚上，我们争论了很久，也没有决定。第二天早上，母亲在桌上发现了一堆碎纸——那是弟弟的录取通知书，弟弟用这种方式帮全家做出了最后的决定。

3　这一年九月，我走进了大学，弟弟去广州打工了。他在一家电视机厂当计件工，每天都要工作十几个小时。弟弟每月都准时把生活费寄到学校，每次取钱时，我都会感到自己欠弟弟太多了。

4　弟弟后来去了一家机床厂，说那边工资高一点儿。我提醒他："机床厂很容易出事的，你可千万小心。等我念完了大学，你就去参加高考，我供你读书。"

5　大学毕业后，我在城里找到一份不错的工作，我打电话让弟弟辞职回家复习功课，准备参加高考。弟弟说："你刚参加工作，收入不多，我再干半年，多挣一些钱带回去。"

6　弟弟出事时，我正在办公室整理资料，电话铃响了："你是李兵的姐姐吗？你弟弟出事了。请你马上过来一趟。"我的脑袋"嗡"地一下就大了。当我赶到医院时，弟弟已经离开人世了。

7　弟弟走了很久，我都无法从巨大的悲伤中走出来。不知道天堂有没有大学，但是每年我都会给弟弟"烧"一些学习资料去，我想让他在天堂里上大学。

——改编自胡双庆、曾志湘《弟弟，天堂里可否有大学》

生　词

1. 天堂	tiāntáng	（名）	paradise; heaven
2. 录取	lùqǔ	（动）	enrol; admit to
3. 炸	zhà	（动）	be aflutter
4. 兴奋	xīngfèn	（形）	excited
5. 天文	tiānwén	（名）	astronomy
6. 凭	píng	（介）	with; by virtue of; based on
7. 供	gōng	（动）	supply; support
8. 争论	zhēnglùn	（动）	argue; debate
9. 欠	qiàn	（动）	owe
10. 机床	jīchuáng	（名）	machine tool
11. 工资	gōngzī	（名）	salary; wage
12. 辞职	cízhí	（动）	resign; quit (one's job)

13. 收入	shōurù	（名）	income
14. 挣	zhèng	（动）	earn
15. 整理	zhěnglǐ	（动）	arrange; put in order
16. 资料	zīliào	（名）	data; material
17. 脑袋	nǎodai	（名）	head
18. 嗡	wēng	（拟声）	buzz
19. 人世	rénshì	（名）	human world; this world
20. 巨大	jùdà	（形）	huge; tremendous
21. 悲伤	bēishāng	（形）	sad; sorrowful

语言点

一、早晚

“早晚”是“或早或晚，总有一天（事情会发生）”的意思。把两个意义相近、相对或相反的汉字并列，形成双音节复合词，是汉语里一种很有特色的构词方式。这类词有的是名词，如“开关”；有的是副词，如“早晚”；有的是动词，如“来往”；还有的是方位词，可以表示概数，如“左右、上下”。

◆ 把左右两边的汉字连起来，组成一个词。

1. 得	静	2. 多	西	3. 前	暖
是	卖	反	早	听	后
动	非	迟	少	冷	终
买	失	东	正	始	说

二、走了很久

在日常会话中，为了避免说到“死”字，人们习惯用“走”字代替。“走”是一个多义动词，汉语里有很多带有“走”字的俗语，常用的有“走神、走光、走眼、走运、走后门”等。

◆ 不查词典，试着将下面的俗语与意思连起来。

1. 走神　　　A. 比喻用不正当手段，通过内部关系达到目的
2. 走光　　　B. 看错

3. 走眼　　　　C. 运气好
4. 走运　　　　D. 精神不集中
5. 走后门　　　E. 不小心把身体的隐私部位露出来（多指女性）。

读后练习

一、回答问题。

1. 两份大学录取通知书分别是谁的？
2. 姐姐和弟弟谁上大学了？
3. 弟弟工作时出了什么事？

二、判断正误。

1. 姐姐和弟弟考上了同一所大学。（　）
2. 他们家的经济条件不好，供不起两个大学生。（　）
3. 为了弟弟，姐姐打算早点儿结婚。（　）
4. 为了让姐姐上大学，弟弟撕了自己的入学通知书。（　）
5. 姐姐上大学的生活费是弟弟打工挣来的。（　）
6. 弟弟从电视机厂换到机床厂是为了多挣钱。（　）
7. 姐姐打算毕业后，用自己的工资供弟弟上大学。（　）
8. 大学毕业后，姐姐在城里找到了一份收入很高的工作。（　）
9. 医院来电话说，弟弟去世了，让我马上过去。（　）
10. 姐姐每年都带着复习资料回家看弟弟。（　）

三、选择加点词语的正确解释。

1. 我们一家人也兴奋得不得了（　）

A. 别提多高兴了　　B. 高兴不起来
C. 不怎么高兴　　D. 高高兴兴的

2. 每年近万元的学费（　）

A. 大约一万元　　B. 一万多元
C. 一万元左右　　D. 接近一万元

3. 对我家来说，无疑是个天文数字 （ ）

A. 肯定 B. 说不定 C. 可能 D. 也许

4. 对我家来说，无疑是个天文数字 （ ）

A. 吉祥数字 B. 极大的数字 C. 不计其数 D. 未知数

5. 凭咱家这个经济能力，只能供一个人去念书 （ ）

A. 由于 B. 因为 C. 看来 D. 依靠

6. 我早晚要嫁人的 （ ）

A. 早上或晚上 B. 总有一天 C. 从早到晚 D. 短时间内

7. 他在一家电视机厂当计件工，每天都要工作十几个小时 （ ）

A. 负责计算产品数量的工人 B. 按完成数量拿工资的工人

C. 负责产品质量的工人 D. 按工作时间拿工资的工人

8. 弟弟走了很久，我都无法从巨大的悲伤中走出来 （ ）

A. 回去 B. 逃跑 C. 去世 D. 出发

四、选择与句中加点词语意思相同的一个。

1. 可是没过多久，母亲便发起愁来。 （ ）

A. 最近总下雨，再下就要发大水了。

B. 照片我已经发到你邮箱里了，你收一下吧。

C. 春天到了，树都发芽了。

D. 老李最近心情不好，常发脾气。

2. 弟弟每月都准时把生活费寄到学校。 （ ）

A. 这次的会议很重要，谁也不准请假。

B. 放心吧，我们准能赶上飞机。

C. 最近飞机总是不能准点起飞，尤其是国内航班。

D. 不用着急，5 分钟内咱们准能到。

五、根据课文内容，选择正确答案。

1. “全村都炸开了锅”的意思是：（　）

A. 在村子里引起了很大反应
B. 村子里的锅都被弄坏了
C. 全村人都用锅炸东西
D. 村里的人都高兴极了

2. “弟弟用这种方式帮全家做出了最后的决定”一句中，“这种方式”指的是什么方式？（　）

A. 长时间的争论
B. 去广州打工
C. 撕掉自己的录取通知书
D. 给姐姐寄生活费

3. “我的脑袋‘嗡’地一下就大了”的意思是：（　）

A. 我的脑袋突然疼了起来
B. 我的脑袋发出嗡嗡的声音
C. 我一下子就哭了起来
D. 我一下子就不知该怎么办了

4. 下面哪项与课文内容不符？（　）

A. 在农村，考上大学是一件很不容易的事情
B. 弟弟是个既懂事又勤劳的年轻人
C. 工厂和医院都不负责任，见死不救
D. 姐姐觉得自己很对不起弟弟

六、联系课文，小组讨论下面的问题。

1. 在你们国家，一边上大学一边打工的大学生多吗？大学生经常做哪些工作？收入怎么样？

2. 政府和大学有哪些帮助贫困大学生的方法？

泛读篇

妈妈的秘密

阅读要求：约 430 字，阅读时间 7 分钟，答题时间 10 分钟。

1　四年来，小丽一直相信，爸爸没有回家，是因为在城里开工厂，忙得脱不开身。当小丽和弟弟想念爸爸时，妈妈就安慰他们："工厂要好几年才能安定下来，到时候爸爸就会回来接我们了！"

2　春节快到了。一天，同桌问小丽希望得到什么礼物，小丽说："我希望爸爸开车回来看我们！"同桌听了，睁大眼睛问："什么？你爸爸被放出来时，还能从监狱开回来一辆车吗？"

3　听了同桌的话，小丽如五雷轰顶，她喊道："你不能侮辱我爸爸！他在城里开工厂！"同桌白了她一眼，说："不信去问你妈妈，谁都知道你爸爸在蹲监狱！"小丽跑出了教室，她要回家去问妈妈这是不是真的。

4　远远地，小丽看见妈妈坐在院子里的长凳上睡着了，她一定是太累了，四年来，她一个人照顾着两个孩子。小丽拿了一条毯子，正要给妈妈盖上，突然她发现妈妈手里有一个信封，"×× 市第一监狱"。信上的字体小丽再熟悉不过了，毯子从小丽手中掉了下来，她几乎哭出声来。

5　看着长凳上孤独的妈妈，小丽对妈妈的心疼又增加了几分，她决定和母亲一起，为弟弟撑起一片洁净的天空。

生　词

秘密 mìmì	想念 xiǎngniàn	安定 āndìng	同桌 tóngzhuō
睁 zhēng	监狱 jiānyù	轰 hōng	侮辱 wǔrǔ
白 bái	蹲 dūn	毯子 tǎnzi	信封 xìnfēng
字体 zìtǐ	孤独 gūdú	心疼 xīnténg	撑 chēng
洁净 jiéjìng	天空 tiānkōng		

读后练习

一、回答问题。

1. 小丽家有几口人？他们是谁？
2. 小丽的爸爸现在在哪儿？他几年没回家了？

二、判断正误。

1. 妈妈告诉小丽爸爸在城里的工厂打工，非常忙。（ ）
2. 小丽最希望得到的春节礼物是汽车。（ ）
3. 小丽听同桌说爸爸在监狱，她不相信，决定回家问妈妈。（ ）
4. 小丽回到家时，妈妈正在看爸爸寄来的信。（ ）
5. 看到信封上的字和地址，小丽明白了一切。（ ）
6. 小丽决定和妈妈一起，对弟弟保守秘密。（ ）

三、选择加点词语的正确解释。

1. 爸爸没有回家，是因为在城里开工厂，忙得脱不开身（ ）
   A. 离不开　B. 不常回家　C. 身体不好　D. 站不起来
2. 听了同桌的话，小丽如五雷轰顶（ ）
   A. 气得要命　B. 感到害怕　C. 着急得很　D. 受到巨大的打击
3. 不信去问你妈妈（ ）
   A. 因为不相信　B. 不愿意相信　C. 不相信的人　D. 不相信的话
4. 谁都知道你爸爸在蹲监狱（ ）
   A. 没人知道　B. 没人不知道　C. 谁会知道　D. 谁知道
5. 信上的字体小丽再熟悉不过了（ ）
   A. 熟悉极了　B. 不太熟悉　C. 比较熟悉　D. 有点儿熟悉
6. 小丽对妈妈的心疼又增加了几分（ ）
   A. 几分钟　B. 一些　C. 多少分　D. 很多

四、选择与句中加点词语意思相同的一个。

1. 你爸爸被放出来时，还能从监狱开回来一辆车吗？（　　）

A. 国庆节放假，你有什么安排？

B. 请把刚才的录音再放一遍。

C. 太小了，看不清楚，放大一点儿吧。

D. 谁把鸟从笼子里放出去的？

2. 同桌白了她一眼。（　　）

A. 我白跑了一趟，没买到票。

B. 你白我干什么，有话直说。

C. 这种过时的手机，白送我都不要。

D. 李明交了白卷，一道题也没做。

成语篇

孟母三迁

阅读要求：约 440 字，阅读时间 8 分钟，答题时间 10 分钟。

1　孟轲[1]的父亲死得早，孟轲和母亲一起生活。

2　他们住在郊外的一所房子里，这所房子正好在墓地旁，小孟轲经常去观看葬礼，还学着人家的样子练习哭。

3　母亲看在眼里，急在心里，怎么办呢？母亲决定搬家，他们搬到了一个集市旁。这一次，房子的隔壁是一家肉店，小孟轲经常去看人家怎么切肉，回家后还学着人家的样子练习。

4　母亲看了，心急如焚，决定再次搬家。这一次经过认真考虑，母亲决定搬到学堂附近。小孟轲看到学堂里的孩子们每天练字、背书、写诗，也跟着学。看到孟轲这么好学，母亲便把他送进了学堂。

5 没想到真的进了学堂，孟轲却感到读书很烦。有一天，他觉得上课没劲，便偷偷溜回了家。母亲正好在织布，看见儿子逃学回来，一句话没说，拿起剪刀把织布机上正在织的布剪断了。看到马上就要织成的一匹布一下子全毁了，孟轲不解地问："您为什么要把布剪断呢？"母亲说："读书就像织布，必须从一根根线开始，只有日积月累，才能织成一匹布。读书如果不能坚持，半途而废，怎么能成才呢？"

6 从此以后，孟轲就开始专心读书了，后来成了大思想家。

生 词

迁 qiān	墓地 mùdì	葬礼 zànglǐ	切 qiē
焚 fén	经过 jīngguò	学堂 xuétáng	背 bèi
诗 shī	没劲 méijìn	织 zhī	布 bù
毁 huǐ	日积月累 rìjī-yuèlěi	半途而废 bàntú'érfèi	思想家 sīxiǎngjiā

注释：

1. 孟轲：约公元前 372—约公元前 289，战国时代著名的思想家。

读后练习

一、判断正误。

1. 住在墓地旁边，小孟轲非常害怕，所以常常哭。（　　）
2. 住在肉店旁，小孟轲学会了切肉，母亲很高兴。（　　）
3. 为了方便小孟轲上学，母亲把家搬到了学堂附近。（　　）
4. 看到小孟轲逃学回家，母亲气得把快要织成的布剪了。（　　）
5. 孟轲明白了读书必须坚持的道理，从此专心读书。（　　）

二、选择加点词语的正确解释。

1. 母亲看了，心急如焚 （　　）

A. 非常头疼　B. 非常心疼　C. 非常生气　D. 非常着急

2. 有一天，他觉得上课没劲，便偷偷溜回了家 （　　）

A. 没事儿　B. 没意思　C. 没力气　D. 没说的

3. 看到马上就要织成的一匹布一下子全毁了 （　　）

A. 损坏　B. 完成　C. 糟糕　D. 结束

4. 孟轲不解地问："您为什么要把布剪断呢？" （　　）

A. 不清楚　B. 不知道　C. 不了解　D. 不理解

5. 只有日积月累，才能织成一匹布 （　　）

A. 花了好几个月　B. 长时间积累

C. 每天都很累　D. 花了好几天

6. 读书如果不能坚持，半途而废，怎么能成才呢 （　　）

A. 半路上发现错了　B. 半路上回来了

C. 做到一半停下来　D. 只知道一半

三、选择与句中加点词语意思相同的一个。

1. 他们住在郊外的一所房子里。 （　　）

A. 爷爷经常锻炼，所以身体很好。

B. 我父亲在一家研究所工作。

C. 大家都被他的故事所感动。

D. 这所大学建于1904年，已经有100多年的历史了。

2. 看到孟轲这么好学，母亲便把他送进了学堂。 （　　）

A. 由于交通不便，他决定搬家。

B. 列车为乘客准备了可口的便餐。

C. 只要多花时间，学习便会进步很快。

D. 笔记本电脑小而轻，便于随身携带。

四、根据课文内容，选择正确答案。

1. “母亲看在眼里，急在心里”的意思是：（　　）

   A. 母亲看了以后很着急

   B. 母亲看了以后很生气

   C. 母亲急着要去看一看

   D. 母亲看不见会很着急

2. 关于“读书”和“织布”，课文中没有提到的是：（　　）

   A. 读书和织布都很麻烦

   B. 读书和织布都需要坚持

   C. 读书和织布都要日积月累

   D. 读书和织布都不能半途而废

3. 下面哪一个与课文内容不符？（　　）

   A. 孟轲是一个好学的孩子

   B. 选择一所好的学校非常重要

   C. 环境对孩子的影响很大

   D. 孟母很重视孩子的教育

单元练习

一、朗读句子，注意加点词语的用法。

1. 形容词＋得不得了

妈妈说要带小明去公园，小明高兴得不得了。

今天的天气热得不得了，偏偏空调又坏了。

这个菜放了这么多辣椒，肯定辣得不得了。

2. 对……来说

对学生来说，最重要的事情是学习。

结婚对每个人来说，都是人生中的一件大事。

这点儿困难对我来说，算不了什么。

3. 凭（着）

小李凭自己的努力，考进了理想的大学。

凭他家的经济条件，买房子不是难事。

凭着一口流利的汉语，他顺利地进入了一家大公司。

4. 早晚

孩子早晚要离开父母，独立生活的。

你听不进别人的意见，早晚要吃亏的。

小李头脑清楚，做事认真，他的才能早晚会被发现的。

5. 再……不过了

你穿这件衣服再合适不过了。

在北方人眼里，饺子再好吃不过了。

对我来说，周末待在家里看看书再舒服不过了。

6. 经过

经过上次失败，他比以前更成熟了。

经过再三考虑，我才做出了这个决定。

经过调查，这种产品确实很受欢迎。

二、给下面的汉字注上拼音，然后选择填空。

炸	欠	供	蹲	剪	盖	切	挣	撑	织
______	______	______	______	______	______	______	______	______	______

1. 因为买房子，他______了银行一大笔钱。
2. 夏天到了，女孩子们______起了各色的太阳伞。
3. 照合影时，第一排的人______着，第二排坐着，第三排站着。
4. 书架上放了很多书，______孩子们下课时阅读。
5. 听说老板自杀了，公司里______开了锅。
6. 人们______钱是为了生活，但生活却不应该只是______钱。
7. 做饺子时，要先把白菜、肉等______碎。
8. 妈妈轻轻地给孩子______好了被子。
9. 小姐，您想______一个什么样的发型呢？
10. 现在自己______毛衣的人越来越少了。

三、给下面的词语注上拼音，然后选择填空。

兴奋	争论	收入	悲伤	辞职	想念	隔壁	坚持	侮辱	录取
______	______	______	______	______	______	______	______	______	______

1. 我________住的是一对年轻夫妻，他们经常吵架。
2. 运动员由于裁判不公而觉得受到了________，拒绝登上领奖台。
3. 明天就要去旅行了，孩子们________得睡不着觉。
4. 母亲去世了很久，他都无法从巨大的________中走出来。
5. 她被北京大学________了。
6. ________了一个下午，大家也没有找到这个问题的解决办法。
7. 刚毕业的大学生，因为没有工作经验，________不高。
8. 好久没回老家了，我非常________家乡的亲人。
9. 虽然头很疼，但我还是________答完了所有的考试题。
10. 从________到现在已经半年了，小李还没有找到满意的工作。

四、选择填空。

1. 本来出发就晚了，又遇到了堵车，小李急得____。

A. 不得不　　B. 不得了

2. ____运动员____，伤病是常有的事，算不了什么。

A. 对……来说　　B. 从……角度

3. ____你的成绩，肯定能考上名牌大学。

A. 凭　　B. 因

4. 每天都熬夜可不行，这么拼命，____要出事的。

A. 早晚　　B. 最晚

5. ____仔细考虑，两家公司决定合作。

A. 经过　　B. 走过

6. ____笔试通过的人，____能参加今天的面试。

A. 即使……也……　　B. 只有……才……

7. 我最近忙得____身，所以中秋节不回家了。

A. 离不开　　B. 脱不开

8. 听说这种茶味道清香，____好喝____了。

A. 再……不过……　　B. 比……更……

HSK 拓展训练

一、请选出正确答案。

1. 中国古代的读书人，__（1）__“名”以外，还有“字”。“名”是出生时起的，“字”一般是__（2）__成人仪式时才起的。长辈、老师可以称呼一个人的名，朋友、同学称呼时一般用字。孔子名丘，字仲尼，“子”是古代对有学问的男子的__（3）__。在中国，晚辈叫长辈的名字，学生叫老师的名字，都是非常__（4）__。

（1）A. 不但　　B. 除了　　C. 虽然　　D. 为了
（2）A. 举行　　B. 进行　　C. 制作　　D. 办理
（3）A. 名字　　B. 俗称　　C. 尊称　　D. 意思
（4）A. 亲切的表示　　B. 热情的称呼
C. 不友好的人　　D. 不礼貌的行为

2. 我们在超市购买到的猕猴桃往往是__（5）__的，一定要放熟以后才能食用。猕猴桃的成熟需要几天时间，很多性急的人常常__（6）__。如果希望它快点成熟，您__（7）__把猕猴桃和其他已经成熟的水果放在一起。这样，苹果、香蕉等水果散发出的天然催熟气体乙烯，就会“传染”给猕猴桃，__（8）__它变软变甜。

（5）A. 甜滋滋　　B. 绿油油　　C. 油乎乎　　D. 硬邦邦
（6）A. 买不到　　B. 吃不起　　C. 等不及　　D. 来不及
（7）A. 不会　　B. 不妨　　C. 不可　　D. 不免
（8）A. 促使　　B. 加强　　C. 提高　　D. 尽快

二、请选出与短文内容一致的一项。

1. 最近，淘宝网上出现了这样一家店铺，出售的商品只有一种——虚拟的“爱心”，每件 10 元。短短十多天，店铺就卖出了 4285 份“爱心”。这一切都是为了拯救一个名叫易雯诺的患有尿毒症的女孩，爱心网店是她的大学学姐为了给她募捐特意开设的。

A. 爱心网店有很多商品，一律 10 元
B. 爱心网店一共有 4285 件商品
C. 开设爱心网店是为了给易雯诺募捐
D. 爱心网店是易雯诺的姐姐开设的

2.“南海 I 号”是一艘南宋时期的木质古船，沉没于广东省以南约 37 千米处，是目前发现的最大的宋代船只。船长约 30 米，宽 9.8 米，船身高约 4 米，排水量估计可达 600 吨，载重近 800 吨。

A.“南海 I 号”是一艘宋代沉船

B.“南海 I 号”是广东生产的，船长约 30 米

C.“南海 I 号”是世界上最大的木船，排水量达 600 吨

D.“南海 I 号”沉没时，船上装有 800 吨货物

第11单元

精读篇

月下老人

阅读要求：约530字，阅读时间9.5分钟，答题时间15分钟。

导　读

俗话说，“千里姻缘一线牵”，这句话的意思是，男女婚姻是由月下老人用一根红线连在一起的。月下老人是中国传说中专门负责男女婚姻的神。这一课讲的是韦固遇到月下老人，月下老人带他见到他未来妻子的故事。

读前准备

1. 在选择结婚对象时，你认为最重要的三个条件是什么？

学历　　家庭　　性格　　财富

感情　　颜值　　能力　　职业

2. 成语“一见钟情”是什么意思？你相信“一见钟情”吗？

课　文

1 韦固[1]到宋城[2]去旅行，一天晚上，他在街上散步，为一位老人所吸引。这位老人正在月光下看一本又大又厚的书，身旁还放着一个装满红绳的袋子。韦固好奇地问：“您是什么人？您看的是什么书呀？”老人说：“我是负责男女婚姻的神，这是一本记载天下男女婚姻的书。”

2 “那您袋子里的红绳是做什么用的呢？”“是用来系在夫妻的脚上的，不管男女离得多么远，只要把红绳系在他们的脚上，他们就一定会结为夫妻。”

3 说完，老人拿着书和袋子，向集市走去，韦固好奇地跟在老人身后。这时，有一个又丑又瞎的女人抱着一个小女孩从对面走过来，老人转身对韦固说：“这个小女孩就是你将来的妻子。”

4 韦固见那女人又丑又瞎，很生气，跑过去用刀刺破了小女孩的眉心。等韦固回头再找老人时，老人已经不见了。

5 转眼十四年过去了，韦固要结婚了，新娘是刺史③的掌上明珠，长得很漂亮，只是眉间有一道疤。韦固问刺史：“为什么她的眉间有疤呢？”刺史说：“十四年前在宋城，保姆抱着她从集市走过，有一个人竟然无缘无故地刺了她一刀，幸好没有生命危险，只留下这道疤。”

6 韦固立刻想起了十四年前的往事，他赶紧问刺史：“那个保姆是不是一个瞎子？”刺史觉得很奇怪：“不错，你怎么会知道呢？”

7 韦固非常吃惊，原来月下老人的话是真的，婚姻的确是由他决定的。

生　词

1. 吸引	xīyǐn	（动）	attract; appeal to
2. 月光	yuèguāng	（名）	moonlight
3. 记载	jìzǎi	（动）	put down in writing
4. 婚姻	hūnyīn	（名）	marriage; matrimony
5. 夫妻	fūqī	（名）	husband and wife
6. 结	jié	（动）	unite
7. 丑	chǒu	（形）	ugly
8. 瞎	xiā	（动）	be blind
9. 将来	jiānglái	（名）	future
10. 新娘	xīnniáng	（名）	bride
11. 掌上明珠	zhǎngshàng-míngzhū	（成）	a pearl in the palm—a beloved daughter
12. 道	dào	（量）	*a measure word for long strips of things*
13. 疤	bā	（名）	scar; bruise
14. 保姆	bǎomǔ	（名）	maid; babysitter
15. 无缘无故	wúyuán-wúgù	（成）	without cause or reason
16. 幸好	xìnghǎo	（副）	fortunately; luckily
17. 生命	shēngmìng	（名）	life
18. 危险	wēixiǎn	（形）	dangerous; perilous

注释：

1. 韦固：人名。
2. 宋城：城市名。
3. 刺史：官名，古代指州长。

语言点

一、装满

“满”用在动词后面做结果补语，表示某一容器、空间可容纳的东西、人，或某一时间要做的事情，达到了最大的限度，如“本子上写满了字”“下午的日程排满了”“教室里坐满了学生”等。

◆ 选择合适的词语填空。

A. 摆满　　B. 排满　　C. 挤满　　D. 装满

1. 请帮我把这个瓶子__________水。
2. 书架上已经__________了，这些书怎么办呢？
3. 这个星期的门诊已经__________了，您只能预约下个星期了。
4. 上下班时间地铁里__________了人，连站的地方都没有。

二、无缘无故

“无……无……”表示没有。可以把一个双音词拆开，插入“无……无……”，如“无缘无故、无边无际、无穷无尽”；也可插入同一类别的两个单音节名词，如“无声无息、无儿无女”。

◆ 选择合适的词语填空。

A. 无穷无尽　　B. 无声无息　　C. 无儿无女　　D. 无边无际

1. 这对老夫妻__________，养老金也不高，生活十分困难。
2. 雪花__________地从天空飘下，大地一片白色。
3. 俗话说“活到老学到老”，这是因为知识是__________的。
4. 船在__________的大海上航行了一个月，终于到达了陆地。

读后练习

一、回答问题。

1. 月下老人的那本又大又厚的书上写的是什么？
2. 月下老人的袋子里装着什么？有什么用处？

二、判断正误。

1. 月下老人写了一本关于天下婚姻的书。（ ）
2. 月下老人把红绳送给夫妻，让他们系在脚上。（ ）
3. 月下老人带韦固见到了他将来的妻子。（ ）
4. 十四年前，韦固在宋城集市见过刺史的女儿。（ ）
5. 小女孩的父亲是刺史，但母亲又丑又瞎。（ ）
6. 韦固见小女孩又丑又瞎，很生气。（ ）
7. 小女孩被刺伤后，在眉心留下了疤。（ ）
8. 韦固知道保姆是瞎子这件事，刺史觉得很奇怪。（ ）
9. 韦固给刺史讲了十四年前的事情。（ ）
10. 韦固一直都不相信月下老人的话。（ ）

三、选择加点词语的正确解释。

1. 一天晚上，他在街上散步，为一位老人所吸引（ ）

A. 被　B. 把　C. 对　D. 从

2. 韦固好奇地问："您是什么人？您看的是什么书呀？"（ ）

A. 不好意思　B. 十分担心　C. 有意思　D. 感兴趣

3. 这是一本记载天下男女婚姻的书（ ）

A. 人间　B. 人们　C. 人家　D. 人生

4. 不管男女离得多么远，只要把红绳系在他们的脚上，他们就一定会结为夫妻（ ）

A. 虽然　B. 如果　C. 不论　D. 尽管

5. 韦固要结婚了，新娘是刺史的掌上明珠（　　）

A. 朋友　B. 女儿　C. 同学　D. 儿子

6. 有一个人竟然无缘无故地刺了她一刀（　　）

A. 毫无结果　B. 毫无准备　C. 毫无办法　D. 毫无理由

7. 幸好没有生命危险（　　）

A. 幸福　B. 幸运　C. 幸亏　D. 正好

8. 韦固立刻想起了十四年前的往事（　　）

A. 常见的事情　B. 过去的事情

C. 交往的事情　D. 听说的事情

四、选择与句中加点词语意思相同的一个。

1. 只要把红绳系在他们的脚上，他们就一定会结为夫妻。（　　）

A. 韦固在街上散步，为一位老人所吸引。

B. 韦固要结婚了，对方为刺史的掌上明珠。

C. 你放心吧，我一定会尽力而为。

D. 李明被同学们选为班长了。

2. 婚姻的确是由他决定的。（　　）

A. 每个单元由三篇课文和一个单元练习组成。

B. 小朋友，你会数数吗？你能由 1 数到 100 吗？

C. 现在由我来给大家介绍今天的日程安排。

D. 由于工作太忙，我没有时间出去玩儿。

五、根据课文，按照故事发生的顺序，给下面的句子排序。

[1] 韦固去宋城旅行，遇到了月下老人。

[ ] 韦固用刀刺伤了刺史的女儿。

[ ] 韦固知道自己十四年前刺伤的人是谁了。

[ ] 韦固发现刺史的女儿的眉间有疤。

☐ 保姆抱着刺史的女儿在集市上走。

☐ 韦固和刺史的女儿准备结婚。

☐ 月下老人在集市上告诉韦固他将来的妻子是谁。

六、联系课文，小组讨论下面的问题。

1. 如果刺史的女儿发现韦固就是当年刺伤她的人，将会发生什么呢？

2. “月下老人”又称“月老”，在你们国家有没有像月老这样主管男女婚姻的神？请试着介绍一下。

泛读篇

理想与现实

阅读要求：约 480 字，阅读时间 8.5 分钟，答题时间 10 分钟。

1 刘先生和李小姐是两个平凡的人。一位既认识刘先生又认识李小姐的人介绍两人相亲。听了介绍，两人都觉得对方很平凡：平凡的家庭，平凡的工作。见面以后，他们发现对方长得也很平凡，犹豫了几天，两人都回绝了介绍人。

2 第二年，又有人给他俩介绍对象，刘先生和李小姐连对方的名字都没问就见了面。“原来是你！”两个人见了面忍不住说。他们简单聊了几句就分开了，当然也没有开始。

3 第三年，又有人给他俩介绍。这次两个人先弄明白了对方是谁，然后痛痛快快地答应了见面。见了面，李小姐笑了，刘先生也笑了。李小姐热情地说：“看来咱俩还真有缘分。”刘先生说：“那咱们就约会吧！”那口气就好像两个人已经认识了很长时间一样。

4 没过多久，他们结婚了。婚后的一天，刘先生问李小姐：“你为什么前两次都拒绝了我，而最后又接受了我呢？”李小姐说：“第一次拒绝是因为你与我理想的丈夫还有点儿距离；第二次拒绝是因为已经有过一次拒绝的经历；第三次接受是因为觉得我们有缘分。那你呢？为什么？”刘先生想了想，说：“通过不同人对你的介绍以及几次见面，我发现你人很不错，挺适合我的。我也明白了与其追求不切实际的理想，不如关注现实中的美好。”

生　词

理想 lǐxiǎng	现实 xiànshí	平凡 píngfán	回绝 huíjué
对象 duìxiàng	痛快 tòngkuài	缘分 yuánfèn	拒绝 jùjué
接受 jiēshòu	距离 jùlí	经历 jīnglì	以及 yǐjí

读后练习

一、回答问题。

1. 第一次见面时，刘先生和李小姐觉得对方怎么样？
2. 故事的结尾，刘先生和李小姐怎么样了？

二、判断正误。

1. 一共有六个人给刘先生和李小姐做过介绍人。（　　）
2. 刘先生和李小姐第一次没在一起是因为觉得对方太普通。（　　）
3. 刘先生和李小姐前两次没在一起的理由是相同的。（　　）
4. 第二次见面前，刘先生和李小姐都没问对方的名字。（　　）
5. 刘先生和李小姐恋爱三年后结婚了。（　　）
6. 刘先生和李小姐结婚是因为他们都很相信缘分。（　　）

三、选择加点词语的正确解释。

1. 刘先生和李小姐是两个平凡的人（　　）

A. 普通　　B. 聪明　　C. 可爱　　D. 熟悉

2. 犹豫了几天，两人都回绝了介绍人 (　　)

A. 不知道怎么拒绝　　B. 不好意思拒绝

C. 不愿意回答　　D. 回答说不同意

3. 看来咱俩还真有缘分 (　　)

A. 朋友介绍的机会　　B. 跟人相处的能力

C. 命中注定的相遇机会　　D. 一出生就有的能力

4. 那口气就好像两个人已经认识了很长时间一样 (　　)

A. 说话时的语气　　B. 说话时的心情

C. 说话时的发音　　D. 说话时的样子

5. 你为什么前两次都拒绝了我，而最后又接受了我呢 (　　)

A. 而且　　B. 而是　　C. 但是　　D. 因而

四、选择句子的正确解释。

1. 你与我理想的丈夫还有点儿距离。 (　　)

A. 你比我理想的丈夫更好。

B. 你比我理想的丈夫要差一点儿。

C. 我和丈夫各有各的理想。

D. 我和丈夫之间的距离有点儿远。

2. 与其追求不切实际的理想，不如关注现实中的美好。 (　　)

A. 人应该勇敢追求自己的理想。

B. 追求不切实际的理想，不如关注现实中的美好。

C. 理想比现实更加美好。

D. 关注现实中的美好，不如追求不切实际的理想。

成语篇

破镜重圆

阅读要求：约 380 字，阅读时间 8 分钟，答题时间 10 分钟。

1 乐昌（Lèchāng）公主是南朝[①]陈宣帝[②]的女儿，她不仅貌美，而且很有才华，长大后自己做主下嫁给了当时著名的才子徐德言（Xú Déyán），婚后二人互敬互爱，成了人见人羡的一对夫妻。

2 陈国快要灭亡的时候，徐德言对妻子说："陈国灭亡后，我们夫妻很可能会分离。如果老天有眼，我们此生定能再见。"说完，他把一面铜镜分成了两半，接着说："明年正月十五，你叫人拿着这半片铜镜到都城的集市上去卖，如果我还活着，一定会赶到那里，通过铜镜打听你的消息。"

3 后来，隋朝灭了陈国，统一了天下，隋文帝[③]便把乐昌公主赐给大将杨素（Yáng Sù）做妾。杨素非常宠爱乐昌公主，可是乐昌公主却整日一言不发。

4 好不容易到了第二年正月十五，徐德言经过千辛万苦，赶到都城的集市，果然看见有一位老人在卖半片铜镜。徐德言把老人领到自己的住处，拿出另一半铜镜，给老人讲了一年前的事，还写了一首诗，请老人交给乐昌公主，盼望夫妻团圆。

5 乐昌公主看到丈夫的诗，想到丈夫近在咫尺，却不能相见，顿时泪流满面。杨素听说了二人的故事后，非常感动，决定把乐昌公主还给徐德言，让他们一起回故乡去。这就是成语"破镜重圆"的故事。

生　词

貌美 màoměi	才子 cáizǐ	敬 jìng	羡 xiàn
铜 tóng	正月 zhēngyuè	都城 dūchéng	消息 xiāoxi
大将 dàjiàng	统一 tǒngyī	赐 cì	团圆 tuányuán
咫尺 zhǐchǐ	顿时 dùnshí		

注释：

1. 南朝：公元420年至公元589年，中国南方地区先后出现的宋、齐、梁、陈四个朝代的总称。
2. 陈宣帝：陈朝皇帝，名叫陈顼（Chén Xū），公元569年至582年在位。
3. 隋文帝：隋朝开国皇帝，名叫杨坚，公元581年至604年在位。

读后练习

一、判断正误。

1. 乐昌公主自己决定嫁给了条件不如自己的徐德言。 （ ）
2. 徐德言和乐昌公主分开后，各自带着一面铜镜。 （ ）
3. 乐昌公主读了徐德言写给她的诗，感动得哭了。 （ ）
4. 卖铜镜的老人专门找到杨素，给他讲了乐昌公主和徐德言的故事。 （ ）
5. 杨素是一个善良的人，他让徐德言和乐昌公主重新团聚了。 （ ）

二、选择加点词语的正确解释。

1. 婚后二人互敬互爱，成了人见人羡的一对夫妻 （ ）
   A. 大家都想见到　　B. 大家都很喜欢
   C. 让所有人羡慕　　D. 一见面就称赞

2. 可是乐昌公主却整日一言不发 （ ）
   A. 不会说话　　B. 说不出话来
   C. 发音不标准　　D. 一句话也不说

3. 想到丈夫近在咫尺，却不能相见 （ ）
   A. 关系很好　　B. 距离很近
   C. 来到身边　　D. 出现在眼前

4. 顿时泪流满面 （ ）
   A. 当时　　B. 一直　　C. 不停　　D. 立刻

三、选择与句中加点词语意思相同的一个。

1. 他把一面铜镜分成了两半。（　）

A. 我们以前见过几次面。

B. 听说北方人喜欢吃面食。

C. 把这幅画挂在那面墙上吧。

D. 乐昌公主顿时泪流满面。

2. 请老人交给乐昌公主。（　）

A. 一手交钱，一手交货。

B. 两条铁路在这里相交。

C. 交到一个知心朋友不容易。

D. 故事发生在一个风雨交加的夜晚。

四、根据课文内容，选择正确答案。

1. 以下哪一个与课文内容不符？（　）

A. 乐昌公主是南朝陈宣帝的女儿

B. 乐昌公主是徐德言的妻子

C. 乐昌公主是杨素的妾

D. 乐昌公主是老人的朋友

2. "如果老天有眼，我们此生定能再见"的意思是：（　）

A. 如果幸运的话，我们这辈子一定会再见面的

B. 如果天气好的话，我们就去一个地方见面

C. 如果幸运的话，我们会在一个陌生的地方见面

D. 老天爷是善良的，一定会让我们活着见面的

3. "破镜重圆"这个成语的意思是：（　）

A. 比喻在他乡偶然遇到亲人

B. 比喻夫妻分开后又团聚

C. 比喻好人一定会有好结果

D. 比喻吵架的双方重新和好

单元练习

一、朗读句子，注意加点词语的用法。

1. 为……所……

一定要小心，不要为坏人所利用。

儿童很容易为网络游戏所吸引，对游戏入迷。

张艺谋是著名导演，他的电影为中国观众所喜爱。

2. 不管……，都……

不管父母同意不同意，她都要考电影学院。

不管你什么时候来，我都欢迎。

不管结果怎么样，我都不会怪你。

3. 幸好

下雨了，幸好我带雨伞了，才没有挨淋。

今天上课听写了，幸好我昨天晚上复习生词了。

幸好我今天出来得早，不然这么堵车，我准得迟到。

4. 既……又……

包子既便宜又好吃。

坐地铁上班既省钱，又不会堵车。

他是一个既会工作又会生活的人。

5. 形容词＋于

学法语的学生多于学汉语的学生。

请你写出大于1小于10的整数。

今年夏天北京的气温高于往年。

6. 果然

天气预报说今天有雨，果然下雨了。

听说早市买东西可以砍价，我试了试，果然成功了。

吃完烤鸭，麦克高兴地说："北京烤鸭果然好吃！"

二、给下面的汉字注上拼音，然后选择填空。

丑	结	道	转	赐	发	养	弄	谈	忍
______	______	______	______	______	______	______	______	______	______

1. 她很漂亮，但是在这部电影里她打扮得很______。
2. 问了好几个人，我才把这个问题______明白。
3. 我刚______身准备离开，他就到了。
4. 听说小张在跟他的同事小李______恋爱。
5. 上课的时候，我们四个人______成一个小组，练习会话。
6. 郑和，原名马三宝，因为有功，明朝皇帝______他姓“郑”。
7. 会上各位代表踊跃______言，纷纷提出自己的建议和看法。
8. 这个故事太有意思了，大家都______不住大笑起来。
9. 我小时候有一次不小心撞在了桌子上，到现在头上还有一______疤呢。
10. 中国 60 岁以上人口 2.5 亿左右，______老是全社会面临的大问题。

三、给下面的词语注上拼音，然后选择填空。

转眼	记载	危险	吸引	缘故	消息	顿时	犹豫	团圆	缘分
______	______	______	______	______	______	______	______	______	______

1. 每到春节，中国人不管在哪里，都要回家与家人________。
2. 这本书对那段时期的历史有详细的________。
3. 没想到在这儿遇到你了，真有________，这就叫“有缘千里来相会”吧！
4. 她________了一会儿，才在文件上签了字。
5. 这个电影很没意思，一点儿也不________人。
6. 一________，当年的小男孩已经长成高大的小伙子了。
7. 新年的钟声敲响了，大街小巷的鞭炮声________响成一片。
8. 过马路要走人行道，横穿马路太________了。
9. 运动会突然取消了，大家都不知道是什么________。
10. 请大家先回去吧，一有________我会马上用微信通知大家。

四、选择填空。

1. 鲁迅是一位____中国人民____熟悉和喜爱的作家。

   A. 为……所……　　　B. 因为……所以……

2. ____土豆怎么做，我____喜欢吃。

   A. 只有……才……　　　B. 不管……都……

3. ____我提前预订了座位，要不得排很长时间的队。

   A. 幸好　　　B. 幸运

4. 这件事你一个人说了不算，要____大家投票决定。

   A. 因　　　B. 由

5. 早就听说小李的妻子特别漂亮，今天一见，____漂亮！

   A. 果然　　　B. 当然

6. 考试的时候，书本、手机____复习材料都不能带进考场。

   A. 以及　　　B. 等等

7. 小李最近瘦得厉害，见了面，朋友们都____问："你病了吗？"

   A. 懒得　　　B. 忍不住

8. 你的成绩高____平均分，已经不错了。

   A. 比　　　B. 于

HSK 拓展训练

一、请选出正确答案。

1. 中国习惯用 12 种＿（1）＿来记人的出生年，每 12 年轮转一次。一个属鼠的人，再遇到鼠年，＿（2）＿是这个人的本命年。中国人认为，本命年容易发生不好的事。＿（3）＿免灾，人们往往要穿上红色的内衣、红色的袜子，系上红色的腰带等，因为中国人觉得红色＿（4）＿能带来好运，而且可以免灾。

（1）A. 星星　B. 神仙　C. 动物　D. 植物

（2）A. 于　B. 就　C. 而　D. 却

（3）A. 为了　B. 因为　C. 所以　D. 由于

（4）A. 不是　B. 虽然　C. 如果　D. 不仅

2. 懒惰是人的一种天性，＿（5）＿，与生俱来。人喜欢休息，也需要休息，但是休息＿（6）＿了就是懒惰。在生活中，有很多人因为战胜懒惰＿（7）＿成为一个成功的人；也有一些人始终＿（8）＿懒惰这个毛病，最终成为一个失败的人。

（5）A. 就像别人一样　B. 就像太阳一样
C. 就像睡眠一样　D. 就像动物一样

（6）A. 过头　B. 变成　C. 满足　D. 十分

（7）A. 却　B. 而　C. 也　D. 则

（8）A. 记不住　B. 学不会　C. 改不掉　D. 忘不了

二、请选出与短文内容一致的一项。

1. 食用醋的好处有很多，但一定要适量。在日常生活中，醋一次不能吃太多：成人每天可食用 20～40 克，最多不超过 100 克；老人、儿童以及病人应该根据自己的健康情况，减少食量。过量食醋会影响钙的吸收，使人骨质疏松。空腹时食醋，会伤胃。

A. 过量食醋会影响健康

B. 成人每天可食醋 100 克以上

C. 老人、儿童以及病人不能食醋

D. 醋最好在空腹时食用

2. 饭前和饭后半小时最好不要吃水果，因为水果在胃里停留的时间超过半 小时就会变质，而含油脂的食物，比如肉、炒蔬菜等，能停留一个小时。当它们一同在胃里时，油脂先被消化，水果后消化，变质的水果对人体有害。

A. 水果应该在饭前和饭后吃

B. 水果在胃里超过半小时会变质

C. 水果比油脂食物消化得快

D. 吃太多肉类对身体有害

第12单元

精读篇

西施的故事

阅读要求：约 570 字，阅读时间 8.5 分钟，答题时间 15 分钟。

导　读

你听说过中国古代的四大美女吗？她们分别是西施、王昭君、貂蝉和杨贵妃。人们常用“沉鱼落雁”“闭月羞花”来形容她们，你知道为什么吗？这一课我们要讲的就是西施和东施的故事。

读前准备

1. 下面是中国历史上或传说中有名的女性，你听说过哪一位？

杨贵妃	花木兰	孟姜女	白素贞
王昭君	武则天	织女	嫦娥

2. 当代中国有名的女性有谁，请你试着说出三位。

课　文

1　西施是中国古代四大美女之一，“沉鱼落雁”这个成语中的“沉鱼”说的就是西施的故事。传说西施在河边洗衣服，水中的鱼儿被她的美丽所吸引，看得发呆，忘了游泳，结果便沉到了水底。

2　西施，姓施，原名夷光，是春秋时代①越国②人，因为家住西村，所以叫西施。当时越国被吴国③打败，灭亡了，越王也被抓到了吴国，成了俘虏。

3　为了重建自己的国家，越王假装讨好吴王，赢得了吴王的信任，三年之后，吴王就把越王放了。越王一回国，就立刻开始重建自己的国家。他决定使用美人计，把美女西施送给吴王，让她去迷惑吴王，使吴王没有心思管理国家，自己好趁机重建越国。为了吸引吴王，西施努力练习歌舞，成了后宫最有才艺的宫女，最终成了吴王最宠爱的妃子[④]，成功地迷惑了吴王，使吴王无心国事，从而帮助越王完成了复国的计划。

4 东施是西施的邻居，她长得很丑，说话粗声大气，却一天到晚做着美女梦，今天穿这样的衣服，明天梳那样的发型，但没有一个人说她漂亮。

5 西施有心口疼的毛病，所以走路时总是皱着眉头，用手捂着胸口，看起来有一种柔弱的女性美。当西施走过的时候，路人见了，无不睁大眼睛看着她，称赞西施太美了。东施看见了，也学着西施的样子，皱着眉头，用手捂着胸口走路，样子别提多难看了。路人见了她，都赶快走开了。唉！东施只知道西施皱眉的样子很美，却不知道她为什么美。这就是成语"东施效颦"的故事。

生　词

1. 沉鱼落雁	chényú-luòyàn	（成）	(of someone whose beauty) would make wild geese alight and fish dive for shame 落, fall; 雁, wild goose
2. 传说	chuánshuō	（动）	legend has it
3. 发呆	fādāi	（动）	be in a daze
4. 灭亡	mièwáng	（动）	be destroyed; (of a state) fall
5. 俘虏	fúlǔ	（名）	captive; prisoner
6. 重建	chóngjiàn	（动）	rebuild
7. 赢得	yíngdé	（动）	win
8. 信任	xìnrèn	（名）	trust
9. 迷惑	míhuò	（动）	confuse; delude
10. 管理	guǎnlǐ	（动）	manage; run
11. 趁机	chènjī	（副）	take advantage of the occasion
12. 才艺	cáiyì	（名）	talent and skill
13. 宠爱	chǒng'ài	（动）	(of a superior towards a subordinate) bestow favour on; love ardently
14. 梳	shū	（动）	comb
15. 发型	fàxíng	（名）	hairstyle
16. 皱	zhòu	（动）	wrinkle; crinkle; crumple

17. 眉头	méitóu	（名）	brow
18. 捂	wǔ	（动）	cover; muffle
19. 胸口	xiōngkǒu	（名）	chest
20. 柔弱	róuruò	（形）	weak; delicate
21. 东施效颦	dōngshī-xiàopín	（成）	Dongshi, an ugly woman, frowns in imitation of the famous beauty Xishi (西施), only to make herself uglier—crude imitation with ludicrous effect 效, imitate; 颦, knit the brows

注释：

1. 春秋时代：指中国历史上公元前 770 年至公元前 476 年这段时期，当时周王势力衰弱，各诸侯国之间纷争不断。
2. 越国：周朝国名，原在今浙江东部，后扩展到江苏、山东。
3. 吴国：周朝国名，在今江苏南部和浙江北部，后来扩展到淮河流域。
4. 妃子：皇帝的妾，地位低于皇后。

语 言 点

一、四大美女

用数字概括的方法构成缩略词，是汉语常见的构词方式，例如："四季"指的是春季、夏季、秋季和冬季；"四肢"指的是人体的两上肢和两下肢，也指某些动物的四条腿。有时候也用上"大"字，构成三字或四字的缩略语，如"四大美女"指的是西施、王昭君、貂蝉和杨贵妃这四位中国古代著名的美女，"四大发明"指的是造纸术、印刷术、指南针和火药这四种中国古代著名的发明。

◆ 试着写出下列每组词语的缩略词。

1. 太平洋、大西洋、印度洋、北冰洋 ____________
2. 耳、目、口、鼻、舌 ____________
3. 大拇指、食指、中指、无名指、小指 ____________
4. 酸、甜、苦、辣、咸 ____________
5. 亚洲、欧洲、非洲、北美洲、南美洲、大洋洲、南极洲 ____________

二、美人计

现代汉语词汇以双音节为主，但三音节词在不断增加，“双音节词 + 后缀”是构成三音节词的重要方式之一。“~计”表示为了对付某人而预先设计安排的方法，如“美人计”；“~观”表示某种认识或看法，如“世界观”。

◆ 将左边的双音词与右边的词缀连起来，组成三音节词。

1. 责任	观	2. 银行	者	3. 加油	厅
苦肉	计	消费	家	科学	站
明星	感	上班	迷	飞机	院
人生	梦	京剧	族	咖啡	场

读后练习

一、回答问题。

1. 西施叫什么名字？她是哪个时代的人？哪国人？

2. 东施是谁？她长得怎么样？

二、判断正误。

1. 西施本来是越国人，后来成了吴王宠爱的妃子。 (　　)
2. 西施不但漂亮，而且生来能歌善舞，很有才艺。 (　　)
3. 越国被吴国灭了，后来又重新建立起来了。 (　　)
4. 因为越王十分老实，所以吴王非常信任他。 (　　)
5. 吴王放了越王，让他重新建立自己的国家。 (　　)
6. 吴王中了越王的美人计，越王重建了自己的国家。 (　　)
7. 西施为重建自己的国家做出了贡献。 (　　)
8. 东施长得很丑，但是她觉得自己是美女。 (　　)
9. 东施向西施学习怎么穿衣服和梳头发。 (　　)
10. 西施走路时皱着眉头，捂着胸口，是因为她觉得这样很美。 (　　)
11. 东施学西施走路的样子，但是很难看。 (　　)
12. 路人都称赞西施很美，觉得东施很丑。 (　　)

三、选择加点词语的正确解释。

1. 西施是中国古代四大美女之一 （ ）

A. 排在……第一 B. ……分之一

C. ……中的一个 D. ……中的第一名

2. 越王假装讨好吴王，赢得了吴王的信任 （ ）

A. 让……生气 B. 让……注意

C. 让……开心 D. 让……讨厌

3. 把美女西施送给吴王……使吴王没有心思管理国家 （ ）

A. 心情 B. 方法 C. 思考 D. 能力

4. 西施努力练习歌舞，成了后宫最有才艺的宫女 （ ）

A. 在王宫工作的女人 B. 为国家工作的女人

C. 为国王跳舞的女人 D. 被国王喜欢的女人

5. 从而帮助越王完成了复国的计划 （ ）

A. 回到国内 B. 重建国家 C. 建立国家 D. 发展国家

6. 她长得很丑，说话粗声大气 （ ）

A. 发音不清楚 B. 声音又大又粗

C. 让人生气 D. 没有礼貌

7. 却一天到晚做着美女梦 （ ）

A. 一天晚上 B. 早晚 C. 每天晚上 D. 整天

8. 路人见了，无不睁大眼睛看着她 （ ）

A. 忍不住 B. 一点儿也不 C. 全都 D. 不得不

9. 样子别提多难看了 （ ）

A. 难看极了 B. 都说难看

C. 有点儿难看 D. 不算难看

四、选择与句中加点词语意思相同的一个。

1. 越王假装讨好吴王。（　　）

A. 不懂就是不懂，怎么能不懂装懂呢？

B. 箱子里装的是什么，打开让我们看一下。

C. 这里夏天很热，房间必须装空调。

D. 货物已经装上船了，一周后可以运到。

2. 他决定……，使吴王没有心思管理国家，自己好趁机重建越国。（　　）

A. 最近公司很忙，每天都加班到好晚。

B. 你别着急，这个问题好解决。

C. 我学了好几年汉语了，可说得还不太流利。

D. 你留个电话，有事好通知你。

五、根据课文内容，选择正确答案。

1. 关于“沉鱼落雁”这个成语，正确的是：（　　）

A. 指善于用美貌讨好男人的女孩子

B. 形容女孩子能歌善舞，很有才艺

C. 漂亮女人常常迷惑人

D. 形容女孩子长得极美

2. “东施效颦”这个成语最有可能是什么意思？（　　）

A. 比喻简单模仿别人，只会被大家嘲笑

B. 比喻事情到了十分糟糕的程度

C. 比喻女孩子长得很难看

D. 比喻自己不了解自己

六、联系课文，小组讨论下面的问题。

1. 你们国家历史上有哪些著名的女性？试着给大家介绍一下。

2. 你听说过中国历史上另外三位美女杨贵妃、貂蝉和王昭君的故事吗？试着讲一讲。

泛读篇

以胖为美

阅读要求：约 440 字，阅读时间 7.5 分钟，答题时间 10 分钟。

1 据说唐代①以胖为美，但究竟是谁引领了这个潮流呢？提到这个问题，我们就不得不说一说杨贵妃②了。杨贵妃是中国古代四大美女之一，以身材丰满著称。有人认为，唐代之所以以胖为美，是因为杨贵妃受到了皇帝的宠爱，于是女人们纷纷模仿。

2 但是杨贵妃究竟有多胖呢？传说杨贵妃身高 1.64 米，体重 69 千克，这到底算不算胖呢？我们不妨用现在流行的 BMI 指数（身体质量指数）帮杨贵妃计算一下。公式是这样的：BMI= 体重 / 身高的平方（kg/m^2）。当 BMI 在 18.5～24 之间时属于正常，BMI 大于 24 为超重，BMI 大于 28 为肥胖。杨贵妃的身高是 1.64 米，1.64 的平方是 2.6896，用 69 除以 2.6896 是 25.65，低于 28，因此算不上肥胖。在以胖为美的唐朝，杨贵妃很可能算是瘦人了。

看来，唐代以胖为美并不是因为杨贵妃，那么谁才是这个潮流的领导者
3 呢？我们在唐代的仕女俑身上找到了答案。这种仕女俑代表了唐代仕女的普
遍身材。在唐代，首都长安③流行乐舞，仕女就是乐舞舞者，因为当时乐舞很
受欢迎，而乐舞舞者大多身材丰满，所以人们觉得身材丰满才漂亮，于是以
胖为美的潮流便形成了。

生　词

据说 jùshuō	引领 yǐnlǐng	潮流 cháoliú	丰满 fēngmǎn
著称 zhùchēng	模仿 mófǎng	不妨 bùfáng	流行 liúxíng
指数 zhǐshù	公式 gōngshì	平方 píngfāng	属于 shǔyú
俑 yǒng	乐舞 yuèwǔ	舞者 wǔzhě	

注释：

1. 唐代（618—917）：朝代名。
2. 杨贵妃：名叫杨玉环。贵妃是皇帝妃子的封号之一，地位仅次于皇后。
3. 长安：唐朝的首都，现在的西安。

读后练习

一、回答问题。

1. 杨贵妃的身高是多少？体重是多少？
2. BMI 是什么意思？
3. 杨贵妃的 BMI 是多少？

二、判断正误。

1. 唐代人身材都很胖，因为当时的人们觉得越胖越漂亮。（ ）
2. 杨贵妃因为身材丰满，所以受到皇帝的宠爱。（ ）
3. 唐代以胖为美，是因为杨贵妃受到了皇帝的宠爱。（ ）
4. 杨贵妃的 BMI 属于超重。（ ）
5. 唐代长安流行乐舞，乐舞舞者被称为仕女俑。（ ）
6. 因为乐舞舞者大多身材丰满，所以唐代以胖为美。（ ）

三、选择加点词语的正确解释。

1. 据说唐代以胖为美（ ）

A. 越……越…… B. 把……当作……
C. 又……又…… D. 因……而……

2. 但究竟是谁引领了这个潮流呢（ ）

A. 兴趣爱好 B. 意见建议
C. 发展方向 D. 看法观点

3. 我们就不得不说一说杨贵妃了 （ ）

A. 说不定 B. 不由得 C. 不得了 D. 必须得

4. 于是女人们纷纷模仿 （ ）

A. 一个跟着一个 B. 慢慢地

C. 偷偷地 D. 随便地

5. 我们不妨用现在流行的 BMI 指数（身体质量指数）帮杨贵妃计算一下 （ ）

A. 表示一定要，态度坚决 B. 表示可能，不能肯定

C. 表示建议，有尝试的意思 D. 表示禁止，不允许

6. 于是以胖为美的潮流便形成了 （ ）

A. 才 B. 使 C. 就 D. 更

四、选择句子的正确解释。

1. “（杨贵妃）以身材丰满著称”的意思是： （ ）

A. 人们都嫌杨贵妃身材太胖

B. 史书上说，杨贵妃身材丰满

C. 杨贵妃因为身材丰满而出名

D. 人们都觉得杨贵妃身材丰满

2. 关于 BMI，正确的是： （ ）

A. BMI= 体重 / 身高

B. BMI 小于 18.5 体重偏轻

C. BMI 大于 24 属于肥胖

D. BMI 大于 28 属于超重

成语篇

千里送鹅毛，礼轻情意重

阅读要求：约 470 字，阅读时间 8 分钟，答题时间 10 分钟。

1 相传唐朝时，云南一个少数民族派使者缅伯高带了一批奇珍异宝去拜见唐太宗。在这批珍宝中，最珍贵的要数一只罕见的白天鹅。

2 缅伯高最担心的就是这只白天鹅。一路上，他亲自给白天鹅喂水喂食，一点儿也不敢马虎。这天，缅伯高他们来到沔阳（Miǎnyáng）湖边，只见白天鹅伸长脖子，张开嘴巴，很想喝水的样子，缅伯高便打开笼子，把白天鹅带到水边，让它喝个痛快。谁知白天鹅喝足了水，展开翅膀，一下子飞上了天！缅伯高急忙去抓，可是没抓住，只拔下几根羽毛，眼睁睁地看着天鹅飞远了。

3 缅伯高捧着几根雪白的鹅毛，不知道该怎么办。“去长安，拿什么去见唐朝皇帝呢？回去，又怎么去见自己的国王呢？”思前想后，缅伯高决定继续向东去长安。他拿出一块白绸子，小心翼翼地把鹅毛包好，又在绸子上写了一首诗：“天鹅贡唐朝，山高路远遥。沔阳湖失宝，倒地哭号啕。上复唐天子，可饶缅伯高。礼轻情意重，千里送鹅毛！”

4 到了长安，缅伯高拜见唐太宗，并献上了礼物。唐太宗看了那首诗，又听了缅伯高的诉说，觉得鹅毛虽然不值钱，但是缅伯高千里迢迢辛辛苦苦地送来，让人感动，于是称赞道：“千里送鹅毛，礼轻情意重！”

生　词

天鹅 tiān'é	情意 qíngyì	批 pī	珍宝 zhēnbǎo
珍贵 zhēnguì	亲自 qīnzì	笼子 lóngzi	展开 zhǎnkāi
翅膀 chìbǎng	拔 bá	羽毛 yǔmáo	眼睁睁 yǎnzhēngzhēng
捧 pěng	绸子 chóuzi	献 xiàn	诉说 sùshuō
迢迢 tiáotiáo			

注释：

1. 唐太宗：唐朝皇帝，名叫李世民，公元627年至649年在位。

读后练习

一、判断正误。

1. 云南一个少数民族派缅伯高带着很多礼物去拜见唐太宗。（　）
2. 缅伯高看到白天鹅口渴，就让它在湖边喝水。（　）
3. 缅伯高拜见唐太宗时只带着几根白天鹅的羽毛。（　）
4. 缅伯高写了一首赞美白天鹅的诗送给唐太宗。（　）
5. 唐太宗看了鹅毛和诗以后，称赞缅伯高聪明勇敢。（　）

二、选择加点词语的正确解释。

1. 缅伯高带了一批奇珍异宝去拜见唐太宗（　）

   A. 奇奇怪怪的东西　　B. 乱七八糟的物品

   C. 各种各样的美味　　D. 珍贵难得的宝物

2. 最珍贵的要数一只罕见的白天鹅（　）

   A. 没有见过　　B. 人见人爱　　C. 很少见到　　D. 美观大方

3. 谁知白天鹅喝足了水，展开翅膀，一下子飞上了天（　）

   A. 哪知道　　B. 准知道　　C. 没准儿　　D. 保准是

4. 思前想后，缅伯高决定继续向东去长安（　）

   A. 想都没想　　B. 再三考虑　　C. 没有多想　　D. 考虑考虑

5. 他拿出一块白绸子，小心翼翼地把鹅毛包好（　）

   A. 不慌不忙　　B. 慌里慌张　　C. 仔仔细细　　D. 心神不定

6. 缅伯高千里迢迢辛辛苦苦地送来，让人感动（　）

   A. 形容路途很遥远　　B. 形容路上很辛苦

C. 形容路不好走　　　　D. 形容中途找不到路

三、选择与句中加点词语意思相同的一个。

1. 缅伯高带了一批奇珍异宝去拜见唐太宗。　　（　　）

A. 对不起，你的鞋带开了。

B. 沿海一带的大城市人口密集，经济发达。

C. 明天别忘了带作业本。

D. 这种苹果味道甜中带点儿酸，我喜欢。

2. 缅伯高带了一批奇珍异宝去拜见唐太宗。　　（　　）

A. 因为没有按时交作业，小明被老师狠狠批了一顿。

B. 第一批货物今日已发出，请注意及时收货。

C. 昨天的报告，经理已经批了，你来取吧！

D. 她在义乌批了很多童装，打算运回国出售。

3. 他拿出一块白绸子，小心翼翼地把鹅毛包好。　　（　　）

A. 晚上我给大家包饺子吃。

B. 他在超市买了一大包东西。

C. 本店的服务包您满意。

D. 这件事包在我身上，您放心吧！

四、根据课文内容，选择正确答案。

1. 关于白天鹅，下面哪种说法正确？　　（　　）

A. 白天鹅十分珍贵

B. 白天鹅吃不饱喝不好

C. 缅伯高放飞了白天鹅

D. 白天鹅的羽毛很值钱

2. 以下哪一项是缅伯高诗句中没有提到的？　　（　　）

A. 白天鹅是送给唐太宗的礼物

B. 从回纥到大唐路途遥远

C. 缅伯高向唐太宗请罪
D. 向大唐皇帝表示问候

3. “千里送鹅毛”这个故事主要告诉我们什么？ （ ）
A. 鹅毛很珍贵
B. 做事要坚持
C. 礼轻情意重
D. 工作不能马虎

五、把课文中缅伯高的诗抄写在下面，并说说诗的意思。

________，________。________，________。

________，________。________，________！

单元练习

一、朗读句子，注意加点词语的用法。

1. ……之一

效率问题是我们目前需要解决的问题之一。

中秋节是中国十分重要的传统节日之一。

陕西西安是中国的七大古都之一。

2. 趁机

这个学期我的新同屋是日本人，我想趁机学学日语。

老师刚一出去，学生们便趁机聊起天来。

听说商场正在打折，我打算趁机多买几件衣服。

3. 不得不

电脑修不好了，我不得不买了台新的。

夫妻俩三天两头吵架，最后不得不离婚了。

夫妻两个人工作都很忙，不得不请孩子的爷爷奶奶照顾孩子。

4. 之所以……，是因为……

之所以堵车，是因为前面发生了事故。

病情之所以加重，是因为他没有按时吃药。

父母之所以不同意他们的婚事，是因为他们的年龄相差太多。

5. 不妨

你有什么意见，不妨直说。

我觉得这是个好机会，你不妨试试看。

有什么不懂的地方，你不妨问问老师。

6. 谁知

我买好了机票，正准备出发，谁知父亲病了，只好过几天再走。

这么好的事，谁知她不乐意。

刚才还是大晴天，谁知突然下起雨来了！算了，我不去散步了。

二、给下面的汉字注上拼音，然后选择填空。

发	睁	梳	皱	捂	沉	提	展	捧	拔
______	______	______	______	______	______	______	______	______	______

1. 她很会______头发，每天的发型都不一样。
2. 小李非常喜欢读书，一天到晚______着书，看起来没完。
3. 小李的牙最近疼得厉害，医生建议他把这颗牙______掉。
4. 我看着作文题______呆，怎么也想不出该怎么写。
5. ______到北京的名胜古迹，人们首先想到的是长城和故宫。
6. 老板一听生意没谈成，立刻______起了眉头。
7. 小船上不能装过多东西，不然遇到暴风雨就很容易______船。
8. 今天早上我一______眼就十点多了。
9. 小李用手______着肚子跑进了洗手间。
10. 在电脑前坐久了，应该站起来，______开双臂，活动活动身体。

三、给下面的词语注上拼音，然后选择填空。

迷惑	宠爱	趁机	模仿	珍贵	罕见	诉说	亲自	属于	丰满
______	______	______	______	______	______	______	______	______	______

1. 办公室里没人，小偷________溜了进来。
2. 小孩儿总爱________大人的动作。
3. 作为家里唯一的孩子，她受到爷爷、奶奶、外公、外婆的________。
4. 她比上大学的时候________多了。
5. 今天的菜是主厨________做的，大家一定要多吃点儿。
6. 他在信中________了最近在工作中遇到的问题。
7. 这些公共设施不________你个人，你不能独占。
8. 他患了一种________的疾病，需要手术治疗。
9. 你千万别被他的花言巧语所________。
10. 这份礼物太________了，我一定好好收藏。

四、选词填空。

1. 中国是世界上历史最悠久的国家____。

   A. 第一　　B. 之一

2. 流行音乐被广大年轻人____喜爱。

   A. 所　　B. 受

3. 餐厅去年生意非常好，____过了年客人越来越少了。

   A. 谁知　　B. 早知道

4. 时装模特儿们都很瘦，所以现代人____瘦____美。

   A. 以……为……　　B. 因……而……

5. 小明把作业弄丢了，____再写一遍。

   A. 不由得　　B. 不得不

6. 大熊猫____可爱著称。

   A. 于　　B. 以

7. 他这次考试____成绩不理想，____没有复习。

   A. 因为……所以……　　B. 之所以……是因为……

8. 快走是一种很好的运动，你____试一试。

   A. 不妨　　B. 难免

HSK 拓展训练

一、请选出正确答案。

1. 旗袍，＿（1）＿是满族女性的传统服装，因为满族人又称“旗人”，所以叫“旗袍”。二十世纪二十年代，受西式服装影响，改良的旗袍在中国妇女中＿（2）＿。三四十年代是旗袍最流行的时期，＿（3）＿是三十年代，旗袍成为中国女装的代表。八九十年代，出现了“制服旗袍”，因为宾馆、餐厅常把旗袍＿（4）＿女服务员的工作服。

（1）A. 从来　B. 本来　C. 由来　D. 自从

（2）A. 买了下来　B. 发明出来

C. 穿了出来　D. 流行开来

（3）A. 非常　B. 尤其　C. 而且　D. 更加

（4）A. 作为　B. 制作　C. 看来　D. 成为

2. 有啥别有病，没啥别没钱。保持身体健康，算得上是＿（5）＿。曾经有人提出过这样一个公式：健康等于1，只有＿（6）＿健康，人才可以去努力工作，去创造财富，去＿（7）＿生活。只要有1在，后面就有加上无限个0的＿（8）＿；而如果这个1没有了，所有的一切就都归零了。

（5）A. 美满的婚姻　B. 更加年轻

C. 最大的幸福　D. 病从口出

（6）A. 占有　B. 拥有　C. 保存　D. 练习

（7）A. 得到　B. 度过　C. 收到　D. 享受

（8）A. 可能　B. 能力　C. 精神　D. 风俗

二、请选出与短文内容一致的一项。

1. 许多人认为声音沙哑算不上什么大毛病，但是如果持续沙哑超过两周以上，最好找耳鼻喉科医生检查与治疗。一般来说，噤声休息是治疗声音沙哑的最佳方法，也可以服用抗生素消除水肿，或做雾化吸入治疗。

A. 声音沙哑不是大毛病，不用治疗

B. 声音沙哑两周以内应去医院看病

C. 声音沙哑可以去耳鼻喉科检查

D. 治疗声音沙哑最好的办法是吃药

2. 最近，一名男子把妻子告上了法庭并申请离婚，他最终打赢了官司，法官判妻子赔偿丈夫 7.5 万元。女儿出生后，丈夫开始对妻子的长相产生怀疑，妻子承认曾经花费 6.2 万元进行了整容手术。整容手术是在她与丈夫认识之前做的，而她从未向丈夫坦白整容之事。

A. 离婚后丈夫应该付给妻子 7.5 万元

B. 丈夫和妻子两个人都想离婚

C. 丈夫想离婚是因为妻子为了整容花了很多钱

D. 丈夫想离婚是因为妻子没告诉丈夫自己整过容

第13单元

精读篇

一张汇款单

阅读要求：约 600 字，阅读时间 10 分钟，答题时间 15 分钟。

导　读

在感情表达的方式上，东西方有很大不同，传统的中国人不善于用语言来表达，尤其是父子之间，他们往往把爱深深地藏在心底。这一课讲的是一对中国父子的故事，父亲为什么要收藏一张汇款单呢？

读前准备

1. 下面的物品常被人们留作纪念，你收藏了哪些？

老照片	证书	作业本	日记本
学生证	记事本	门票	信

2. 爸爸送给你的最珍贵的礼物是什么？你给爸爸送过什么礼物？

课　文

1　我每个月领了工资以后的第一件事就是去邮局寄钱。每次寄钱，我总会想起大学时父亲给我寄钱的情景。四年来，父亲每个月都要在工作人员不屑的目光下，将收废品挣到的一大把零钱放到邮局的柜台上……

2　每次给父亲寄钱时，工作人员总对我说："给您父亲办张卡吧，就不必这么麻烦地填汇款单了。"我只是笑笑，她不会明白，其实，这是我给父亲的一种幸福。

3　每当邮递员喊着父亲的名字，让他在汇款单上签名的时候，邻居们都会伸出头来，一脸羡慕地看着父亲。去邮局的路上，每当有熟人问："干什么去啊？"父亲就扬扬手里的汇款单，说："儿子寄钱来了，去邮局取钱。"对于父亲，这是一次幸福的旅程吧！别人的每次问话，都让他的幸福感加深一次。

4　汇款单上的“留言”一栏，我总和父亲当年一样空着。我曾经试图在上面写一些话，让父亲注意身体，或者晚上早点儿休息，但每次写完，又撕掉了，因为这不是我和父亲彼此表达关爱的方式。

5　只有一次，工作人员特意提醒我：“等你父亲收到汇款的时候，差不多就到父亲节了。”于是，我在“留言”栏里一笔一画地写下：祝父亲节快乐！但不知为何，父亲这次竟然忘了取钱。两个月后，钱被退了回来。

6　我打电话问他，他说忘了。去邮局补寄的时候，我把这件事讲给工作人员听，她说：“我觉得你父亲未必是忘了，说不定他是想把这张写有祝福的汇款单留作纪念呢。”

7　多年以后，我无意中拉开父亲的抽屉，发现了那张写有祝福的汇款单。原来，那句短短的祝福，父亲以这样的方式一直收藏着。

——改编自《一张忘取的汇款单》

生　词

1. 汇款单	huìkuǎndān	（名）	money order; remittance form
2. 情景	qíngjǐng	（名）	scene; sight
3. 不屑	bùxiè	（动）	disdain (to do sth.)
4. 废品	fèipǐn	（名）	broken, old and worthless objects; scrap
5. 柜台	guìtái	（名）	counter; bar
6. 邮递员	yóudìyuán	（名）	postman
7. 签	qiān	（动）	sign; autograph
8. 伸	shēn	（动）	stretch; extend
9. 羡慕	xiànmù	（动）	admire; envy
10. 旅程	lǚchéng	（名）	trip; journey
11. 加深	jiāshēn	（动）	deepen
12. 留言	liúyán	（名）	message (written at departure)
13. 栏	lán	（名）	column
14. 曾经	céngjīng	（副）	ever; once
15. 试图	shìtú	（动）	attempt (to do sth.)

16.	撕	sī	（动）	rip; tear
17.	彼此	bǐcǐ	（代）	each other
18.	关爱	guān'ài	（动）	care about and love
19.	祝福	zhùfú	（动）	wish (sb.) well
20.	纪念	jìniàn	（名）	souvenir
21.	抽屉	chōuti	（名）	drawer
22.	收藏	shōucáng	（动）	collect; store up

语言点

一、一脸羡慕

汉语的量词分为名量词和动量词，名量词如“个、件、只、张”等，动量词如“次、遍、回、下”等，这些都是专用量词。除了专用量词外，汉语还有临时量词，表示身体部位的名词就常用作临时量词，如“一脸羡慕”中的“脸”。

◆ 选择合适的临时量词，填入下面的句子中。

A. 脸　　B. 身　　C. 口　　D. 眼　　E. 脚

1. 她看了我一__________，什么也没说。
2. 他一__________远射，球进了，为球队赢得了一分。
3. 他吃了两__________，说有事，急急忙忙地走了。
4. 你这__________衣服搭配得真不错，很好看。
5. 不知道为什么，老板今天一早就一__________不高兴。

二、关爱

“关爱”是由词组“关心爱护”缩略而来的。从词组的两个词中各取一个字，然后合并成双音词，是汉语产生新词的方法之一，比如“环境保护——环保”“邮政编码——邮编”“保持健康——保健”“彩色电视机——彩电”等。

◆ 写出下面加点词组的缩略词。

1. 我常常一个人去外地旅行游览。（　　）
2. 机场和地铁的安全检查越来越严格了。（　　）

3. 这种面料是由我公司研究制造的。(　　)

4. 这所高级中学很有名，很多名人都是从这里毕业的。(　　)

5. 我现在上下班都坐公共交通，非常方便。(　　)

读后练习

一、回答问题。

1. 父亲靠什么工作供我上大学？
2. 我给父亲寄钱时，在汇款单的“留言”栏写字吗？

二、判断正误。

1. 工作后，我每个月都要去银行给父亲汇款。(　　)
2. 因为父亲总是寄零钱，邮局工作人员不满意。(　　)
3. 工作人员建议我给父亲办张卡，我嫌麻烦。(　　)
4. 父亲常常收到儿子的钱，邻居们都很羡慕。(　　)
5. 父亲想让熟人们知道他的儿子经常给他寄钱。(　　)
6. 父亲给我寄钱时，汇款单上总是没有留言。(　　)
7. 我不知道应该在汇款单的“留言”栏里写些什么。(　　)
8. 我在一张汇款单“留言”栏里写的是“祝父亲节快乐”。(　　)
9. 因为父亲忘了取钱，所以钱被退了回来。(　　)
10. 因为父亲没有收到汇款单，所以我又寄了一次。(　　)
11. 父亲把那张汇款单留作纪念了。(　　)
12. 我打开父亲的抽屉是为了找那张汇款单。(　　)

三、选择加点词语的正确解释。

1. 四年来，父亲每个月都要在工作人员不屑的目光下，将……(　　)

A. 下来　　B. 来着　　C. 以来　　D. 从来

2. 四年来，父亲每个月都要在工作人员不屑的目光下，将……(　　)

A. 轻视　　B. 吃惊　　C. 讨厌　　D. 生气

3. 给您父亲办张卡吧，就不必这么麻烦地填汇款单了 （ ）

A. 用不了　B. 不能　C. 不会　D. 用不着

4. 邻居们都会伸出头来，一脸羡慕地看着父亲 （ ）

A. 一边　B. 一直　C. 一面　D. 满脸

5. 父亲就扬扬手里的汇款单 （ ）

A. 拿起　B. 升起　C. 举起　D. 捡起

6. 我在“留言”栏里一笔一画地写下：祝父亲节快乐 （ ）

A. 写一笔画一笔　B. 形容写得非常清楚

C. 一边写一边画　D. 形容写得非常漂亮

7. 我觉得你父亲未必是忘了 （ ）

A. 说不定　B. 不一定　C. 一定　D. 肯定

8. 说不定他是想把这张写有祝福的汇款单留作纪念呢 （ ）

A. 没准儿　B. 不一定　C. 不可能　D. 说不完

9. 多年以后，我无意中拉开父亲的抽屉 （ ）

A. 偶然　B. 特地　C. 小心地　D. 特意

10. 那句短短的祝福，父亲以这样的方式一直收藏着 （ ）

A. 把　B. 在　C. 用　D. 由

四、选择与句中加点词语意思相同的一个。

1. 汇款单上的“留言”一栏，我总和父亲当年一样空着。 （ ）

A. 我们经常做选词填空练习。

B. 他常说空话，大家都不信任他。

C. 每一段的开头，应该空两个字。

D. 请问，您的信件是空运还是海运？

2. 多年以后，我无意中拉开父亲的抽屉。 （ ）

A. 货车是拉货的，不能拉人。

B. 我想学拉二胡，好学吗？

C. 这个菜这么辣，吃了会拉肚子的。

D. 旅客们拉着行李走出了机场。

五、根据课文内容，选择正确答案。

1. “对于父亲，这是一次幸福的旅程吧！”中的“旅程”指的是什么？（　　）

   A. 从邮局到家的路程

   B. 从家到邮局的路程

   C. 从家到大学的路程

   D. 从大学到邮局的路程

2. 最让父亲感到幸福的事情是哪一个？（　　）

   A. 邮递员喊父亲的名字

   B. 去邮局取钱的路上遇到熟人

   C. 邻居一脸羡慕地看着父亲

   D. 收到写有“祝父亲节快乐”的汇款单

3. 下面哪一项与课文内容不符？（　　）

   A. 这位父亲供孩子上大学很辛苦

   B. 这对父子都是不善于表达的人

   C. 每个月去邮局取儿子的汇款让父亲感到幸福

   D. 儿子把工资都寄给了父亲

六、联系课文，小组讨论下面的问题。

1. 你觉得课文中的这位父亲是一个什么样的人？

2. 你同意他的做法吗？

泛读篇

种花生

阅读要求：约 520 字，阅读时间 8.5 分钟，答题时间 10 分钟。

1 我们家的后院有块空地。母亲说："让它空着怪可惜的，你们那么爱吃花生，就用它来种花生吧。"我们姐弟几个都很高兴，买种、翻地、播种、浇水，没过几个月，居然收获了。

2 母亲说："今晚我们过一个收获节，请你们的父亲也来尝尝我们的新花生，好不好？"母亲把花生做成了好几样食品，还吩咐我们就在后院的亭子里过这个节。

3 那天晚上天色不大好，可父亲也来了，实在很难得。父亲说："你们爱吃花生吗？"我们争着回答："爱！""谁能把花生的好处说出来？"姐姐说："花生的味儿美。"哥哥说："花生可以榨油。"我说："花生的价钱便宜，谁都可以买来吃，都喜欢吃。这就是它的好处。"

4 父亲说："花生的好处很多，有一样最可贵，它的果实埋在地里，不像桃子、石榴、苹果那样，把漂亮的果实高高地挂在枝头上，使人一见便生爱慕之心。你们看，它矮矮地长在地上，等到成熟了，也不能立刻分辨出来有没有果实，必须挖起来才知道。"我们都说是，母亲也点点头。

5 父亲接着说："所以你们要像花生，它虽然不好看，可是很有用。"我说："那么，人要做有用的人，不要做只讲体面而对人没有好处的人。"父亲说："对，这是我对你们的希望。"

6 我们谈到深夜才散。花生做的食品都吃完了，父亲的话却深深地印在我的心里。

——改编自许地山《落花生》

生　词

种 zhòng	花生 huāshēng	空地 kòngdì	种 zhǒng
浇 jiāo	居然 jūrán	收获 shōuhuò	食品 shípǐn
吩咐 fēnfù	亭子 tíngzi	榨 zhà	可贵 kěguì
果实 guǒshí	桃子 táozi	石榴 shíliu	枝头 zhītóu
爱慕 àimù	成熟 chéngshú	分辨 fēnbiàn	体面 tǐmiàn
印 yìn			

读后练习

一、回答问题。

1. 花生有哪些好处？
2. 花生的果实有什么特点？
3. 爸爸希望我们做什么样的人？

二、选择加点词语的正确解释。

1. 让它空着怪可惜的　　（　　）

A. 好奇　　B. 非常　　C. 奇怪　　D. 埋怨

2. 还吩咐我们就在后院的亭子里过这个节　　（　　）

A. 命令　　B. 请求　　C. 答应　　D. 拜托

3. 父亲也来了，实在很难得　　（　　）

A. 不容易表达　　B. 看起来很难

C. 不容易做好　　D. 不常发生

4. 等到成熟了，也不能立刻分辨出来有没有果实　　（　　）

A. 计算　　B. 听　　C. 区分　　D. 说

5. 人要做有用的人，不要做只讲体面而对人没有好处的人　　（　　）

A. 面子　　B. 体贴　　C. 礼貌　　D. 身材

6. 我们谈到深夜才散 （ ）

A. 东西摆放得到处都是　　B. 聚集在一起的人们分开

C. 离开的人们重新回来　　D. 随便走走，放松一下

三、选择与句中加点词语意思相同的一个。

1. 不像桃子、石榴、苹果……使人一见便生爱慕之心。 （ ）

A. 这支笔很好使，你在哪儿买的？

B. 他给我使了个眼色，我就明白了。

C. 他刚刚讲的故事使我深受感动。

D. 我们俩一起使劲儿，一定能搬动。

2. 等到成熟了，也不能立刻分辨出来有没有果实。 （ ）

A. 这件事等见了面再说吧。

B. 我去过上海、天津、广州等城市。

C. 我买的机票是头等舱。

D. 一公斤等于两斤。

四、根据课文内容，选择正确答案。

1. 父亲为什么说花生最可贵？ （ ）

A. 可以榨油，且把漂亮的果实埋在地里

B. 味儿美，能做很多种食品

C. 果实埋在地里，需要挖出来

D. 虽然不好看，但是很有用

2. 下面哪一项与课文内容相符？ （ ）

A. 我们姐弟几个都很喜欢吃花生

B. 我们在花园里种上了花生

C. 爸爸告诉我们花生的几种好处

D. 爸爸觉得我们长得像花生，不漂亮

成语篇

杯弓蛇影

阅读要求：约480字，阅读时间8分钟，答题时间10分钟。

1 从前有个叫乐广的人，很喜欢交朋友，经常请朋友到家里喝酒。

2 有一天，他又请了一位朋友到家里喝酒。两个人一边喝一边聊，非常开心。聊着聊着，朋友突然说不喝了，起身回家了。乐广心里很纳闷儿：朋友为什么突然不喝酒走了呢？

3 过了几天，也没见那位朋友再来，乐广便去朋友家看望。朋友病得很厉害，乐广问："前几天一起喝酒时你还好好的，怎么一下子就病倒了呢？"朋友犹豫了半天，才说："那天你请我喝酒，我喝了几杯以后，突然发现杯子里有一条蛇，还在动呢。回家后我就浑身不舒服，总觉得肚子里有一条小蛇，结果就病成了现在这个样子。"

4 回家的路上，乐广心想：酒杯里怎么会有蛇呢？一到家，乐广就坐在了朋友那天喝酒的凳子上，面前放了一只酒杯，果然他也看见杯子里有一条蛇的影子。

5 乐广观察了一阵，终于找到了原因。

6 他立刻把朋友请到家中，让朋友坐在上次喝酒的地方，给他斟满一杯酒，说："你看看酒杯里有什么？"朋友看了一眼，紧张地说："跟上次一样，杯子里有一条蛇。"乐广指着墙上挂着的一张弓，说："杯里的蛇其实就是这张弓的影子！"说完，他把弓取了下来，杯里的蛇果然不见了。朋友恍然大悟，一下子病就全好了。

生　词

弓 gōng	纳闷儿 nàmènr	犹豫 yóuyù	浑身 húnshēn
凳子 dèngzi	果然 guǒrán	影子 yǐngzi	观察 guānchá
斟 zhēn	恍然大悟 huǎngrán-dàwù		

读后练习

一、选择加点词语的正确解释。

1. 乐广心里很纳闷儿 （ ）

A. 着急 B. 奇怪 C. 生气 D. 难过

2. 回家后我就浑身不舒服 （ ）

A. 手脚 B. 肚子 C. 心里 D. 从头到脚

3. 让朋友坐在上次喝酒的地方，给他斟满一杯酒 （ ）

A. 放 B. 注 C. 倒 D. 喝

4. 朋友恍然大悟，一下子病就全好了 （ ）

A. 突然全明白了 C. 大叫一声

B. 大吃一惊 D. 一下子糊涂了

二、根据课文内容，选择正确答案。

1. 朋友为什么突然不喝酒走了呢？ （ ）

A. 家里突然有事 B. 看到酒杯里有蛇

C. 觉得浑身不舒服 D. 肚子突然疼了起来

2. 朋友为什么病倒了？ （ ）

A. 被蛇咬伤了肚子 B. 肚子里有一条蛇

C. 觉得肚子里有蛇 D. 喝了有蛇的酒

3. 关于“酒杯里的蛇”，下面哪种说法正确？ （ ）

A. 有一条蛇不小心爬进了酒杯里

B. 酒杯里根本没有蛇，只有蛇的影子

C. 蛇本来在酒杯里，后来被喝进了肚子里

D. 酒杯里是弓的影子，看上去好像一条蛇

4. 关于乐广和朋友，下面哪种说法正确？ （ ）

A. 乐广听说朋友病得很厉害，便去看望朋友

B. 乐广弄明白了为什么朋友说杯子里有蛇

C. 乐广请医生帮朋友看好了病

D. 朋友病好了以后，又到乐广家去喝酒

5.“杯弓蛇影”这个成语的意思是： （ ）

A. 疑神疑鬼，瞎担心

B. 犹犹豫豫，没主意

C. 慌里慌张，常出错

D. 傻里傻气，脑子笨

单元练习

一、朗读句子，注意加点词语的用法。

1. 每当

每当我遇到困难，朋友们都会主动帮忙。

每当看到这张照片，我都会想起在中国留学的日子。

每当想家的时候，他就给家里打电话。

2. 无意中

我无意中发现了一个秘密。

兵马俑是一位农民无意中发现的。

妻子无意中在丈夫的手机里发现了一张年轻女孩的照片。

3. 以……方式

签字后，请您以快递的方式把文件寄给我们。

当地人以他们特有的方式迎接客人。

无论什么时候，爸爸妈妈都在背后支持我。他们以这样的方式来表达对我的爱。

4. 怪……的

房间里怪热的，把空调打开吧！

这么多年没见，我怪想他的。

他为我挨了批评，我心里怪不好意思的。

5. 使

使我感到意外的是，小李今天没来参加婚礼。

连续几天的降雨使这一带变成了一片汪洋。

谦虚使人进步，骄傲使人落后。

6. 其实

外国人都觉得汉语很难，其实汉语并不难。

这个菜看样子很辣，其实不辣。

医生以为老李在办公室工作，其实他是邮递员。

二、给下面的汉字注上拼音，然后选择填空。

撕	退	印	悟	种	伸	浇	斟	倒	散
______	______	______	______	______	______	______	______	______	______

1. 等______了会，你到我办公室来一下。
2. 她那可爱的样子深深地______在了我的脑海中。
3. 这件衣服是昨天买的，不太合适，您帮我______了吧。
4. 出国旅行期间，我拜托邻居帮我给院子里的植物______水。
5. 经历了这一连串的事情，让我______出了很多道理。
6. 请大家把酒杯______满，来，为我们的友谊干杯！
7. 他______长脖子，想看看人群中发生了什么事情。
8. 连续加了一个月的班之后，老李病______了。
9. 新扩建的街道两旁______上了漂亮的银杏树。
10. 我忘带本子了，同桌从本子上______下来一张纸，递给了我。

三、给下面的词语注上拼音，然后选择填空。

试图	羡慕	可贵	祝福	成熟	纳闷儿	收获	浑身	情景	分辨
______	______	______	______	______	______	______	______	______	______

1. 西瓜要等________了才好吃。
2. 验证码太不清楚了，我无法________，换一个吧。
3. 一说起明天的面试来，我就紧张，________不舒服。
4. 我们________说服他加入我们的团队，但失败了。
5. 虽然毕业很多年了，但毕业晚会的________我还记得清清楚楚。
6. 办公室里一个人都没有，我很________：大家都去哪儿了呢？
7. 今天的交流会，我们邀请了几位同学，请他们谈谈留学的________。
8. 亲身经历，尤其是失败的经历，非常________。
9. 春节的时候，人们都会收到很多________短信。
10. 听说她被名牌大学录取了，同学们都一脸________地看着她。

四、选择填空。

1. ____夜色降临，这里的小吃街便会热闹起来。

   A. 每当　　B. 当时

2. 我看他____是不知道，可能是不想告诉我们。

   A. 未必　　B. 必须

3. 服务员打扫房间时，____发现了一枚戒指。

   A. 不由得　　B. 无意中

4. 最近人们常____微信的方式发送新年祝福。

   A. 凭　　B. 以

5. 经济的飞速发展____中国人民的生活水平有了很大提高。

   A. 使　　B. 把

6. 一向身体健壮的他____瘦成了这个样子，简直认不出来了。

   A. 果然　　B. 居然

7. 这么晚了，女孩子一个人____不安全____，别出去了。

   A. 怪……的　　B. 别提……了

8. ____大家到齐了，我们就立刻出发。

   A. 等　　B. 在

HSK拓展训练

一、请选出正确答案。

1. 长城上每隔一__（1）__距离都建有一座烽火台。如果发现敌人来了，士兵们就在烽火台上点起火，旁边的烽火台看到火光，就会跟着点起火来，这样一个接一个将消息传递__（2）__。烽火的多少可以表示敌军的数量，烽火越多，__（3）__。烽火传递消息是非常快的，据说仅仅一天时间，就能把消息传递到几千里__（4）__。

（1）A. 道　B. 片　C. 条　D. 段

（2）A. 下来　B. 上去　C. 进去　D. 下去

（3）A. 敌人就越多　B. 救的人就越多　C. 就越容易发现　D. 看见的人就害怕

（4）A. 以后　B. 以前　C. 以外　D. 以下

2. __（5）__健康的身体是我们的福气，我们只有爱惜它，才能__（6）__它更好地发挥作用。爱惜自己的身体是对自己负责，也是对家人和社会负责。__（7）__，好好陪陪孩子，多关心父母，不要__（8）__去换大房子，和相爱的人在一起，斗室也温暖。

（5）A. 拥有　B. 拥抱　C. 锻炼　D. 练习

（6）A. 向　B. 使　C. 把　D. 对

（7）A. 即使不在家　B. 不但星期天　C. 如果有时间　D. 虽然很忙碌

（8）A. 愿意　B. 计划　C. 希望　D. 拼命

二、请选出与短文内容一致的一项。

1. 网络成瘾是过度使用网络导致的一种精神行为障碍。据统计，青少年犯罪中76%的人都是网络成瘾患者。网络成瘾是可以治疗的，一般治疗时间为3个月左右，80%的患者都可以通过治疗戒掉网瘾。

A. 网络成瘾是一种精神行为障碍

B. 网络成瘾是造成青少年犯罪的重要原因

C. 网络成瘾必须接受3个月的住院治疗

D. 网络成瘾者经过治疗都能治好

2. 近日，青蛙养殖基地的员工发现了一只“白蛙”，这只白蛙身长约 3.5 厘米，全身皮肤薄且透明，可见骨骼和内脏。研究人员说，这是动物对环境的一种适应，蛙类如果生活在接触不到阳光的环境中，身体就会变成白色。

A. 青蛙养殖基地专门培养白蛙

B. 白蛙的皮肤、骨骼、内脏都是白的

C. 白蛙比一般青蛙更有价值

D. 白蛙是因为接触不到阳光才变白的

第14单元

精读篇

话说全聚德[1]

阅读要求：约 570 字，阅读时间 9.5 分钟，答题时间 15 分钟。

导　读

中国的名菜多得数不清，各地有各地的名菜。北京历史悠久，有很多老店名吃。这些老店和名吃个个都有自己的历史，有自己的故事。这一课我们要讲的是全聚德烤鸭店的历史。

读前准备

1. 下面这些菜或小吃，你吃过哪些？你最喜欢哪个？

A. 涮羊肉　B. 刀削面　C. 烤鸭　D. 馄饨
E. 羊肉串　F. 糖葫芦　G. 烧卖　H. 煎饼

2. 你听说过“不到长城非好汉，不吃烤鸭真遗憾”这句话吗？你知道这句话是什么意思吗？

课　文

1　俗话说：“不到长城非好汉，不吃烤鸭真遗憾！”说起北京烤鸭来，最著名的当然要数“全聚德”了。

2　全聚德建于 1864 年，创始人叫杨全仁[2]。刚到北京时，杨全仁靠卖生鸡生鸭为生，由于精明能干，生意越做越红火，再加上他平日省吃俭用，几年下来，存下了一笔钱。

3　每天去市场的路上，杨全仁都要经过一间名叫“德聚全”的食品店。这间店的生意不好，眼看要倒闭了，杨全仁就趁机买下了这家店。

4　有了自己的店，该起个什么字号呢？杨全仁便请来一位风水先生，风水先生围着店转了两圈，称赞道：“哎呀，这真是一块风水宝地啊！您看店两边的两条小胡同，就像两根轿杆，这儿将来盖起一座楼，就如同一顶八抬大轿，前途无量啊！以前这家店运气不好，是名字没取好，只要把‘德聚全’这三个字倒过来，生意就一定能兴隆。”

5 “全聚德”这个名字正合杨全仁的心意，一来呢，名字中有个“全”字，就是什么也不缺，很吉利；二来呢，“聚德”就是聚拢德行的意思，做生意讲德行最重要。于是杨全仁请人帮他写了“全聚德”三个大字，制作了一块牌匾。

6 杨全仁深知要想生意兴隆，就得靠好厨师。专为宫廷制作烤鸭的金华馆内有一位姓孙的老师傅，烤鸭技术十分高超，杨全仁得知后就用重金把他请到了全聚德。孙师傅烤出的鸭子果然与众不同，色呈枣红，皮脆肉嫩，肥而不腻，从此全聚德的生意越来越红火。

7 如今全聚德烤鸭被誉为“中华第一吃”，成了到北京的游客必吃的一道名菜。

生　词

1. 创始人	chuàngshǐrén	（名）	founder
2. 精明	jīngmíng	（形）	astute; shrewd
3. 省吃俭用	shěngchī-jiǎnyòng	（成）	save money on food and expenses
4. 倒闭	dǎobì	（动）	close down
5. 风水	fēngshuǐ	（名）	*fengshui*, a Chinese system for deciding the auspicious location for a house or tomb
6. 胡同	hútòng	（名）	alley
7. 轿	jiào	（名）	sedan chair
8. 杆	gān	（名）	long and thin cylindrical object; pole
9. 前途	qiántú	（名）	future; prospect
10. 兴隆	xīnglóng	（形）	prosperous; thriving
11. 心意	xīnyì	（名）	what one has in mind
12. 吉利	jílì	（形）	auspicious
13. 聚拢	jùlǒng	（动）	assemble; get together
14. 德行	déxíng	（名）	moral integrity

15.	制作	zhìzuò	（动）	make; produce
16.	匾	biǎn	（名）	horizontal inscribed board; plaque
17.	厨师	chúshī	（名）	cook; chef
18.	宫廷	gōngtíng	（名）	royal court; the monarch and his officials
19.	高超	gāochāo	（形）	excellent; superb
20.	呈	chéng	（动）	present (form, colour, etc.); appear
21.	枣红	zǎohóng	（形）	purplish red; claret
22.	脆	cuì	（形）	crisp
23.	嫩	nèn	（形）	(of food) tender; delicate
24.	腻	nì	（形）	greasy; oily
25.	誉	yù	（动）	praise; eulogize

注释：

1. 全聚德：中国著名老店，以烤鸭闻名。
2. 杨全仁：人名，全聚德烤鸭店的创始人。

语言点

一、哎呀

“哎呀”是叹词，表示惊讶。叹词是表达强烈的感情或用于呼唤和应答的词，可单独成句。常见的叹词有：“咦”表示惊异，“唉”表示叹息，“啧”多用于当面高声称赞，“哼”表示不满意或不相信，“啊（á）”表示追问。

◆ 选择合适的叹词，完成下面的句子。

A. 啊（á）　B. 咦　C. 哼　D. 唉　E. 啧

1. ________，100分，考得不错嘛！
2. ________，我的钥匙呢？我明明放在口袋里了。
3. ________，我刚才没听清楚，你能再说一遍吗？
4. ________，你是怎么搞的？怎么又迟到了？
5. ________，你别想骗我！昨天晚上你到底去哪儿了？

二、枣红

汉语中的基本颜色词有“红、白、绿、蓝、黄、紫、粉、灰、黑”等，对颜色进一步说明，有 3 种主要方式：（1）在颜色词前加上颜色与该颜色词类似的物品名，如“枣红、火红、桃红、酒红、橘红”等；（2）两个相近颜色的词叠加，如“粉红、紫红”；（3）在颜色词前加上表示程度的形容词，如“深红、浅红、大红”。

◆ 在以下颜色词前，加上合适的字组词。

1. 绿：　________绿　________绿　________绿
2. 黄：　________黄　________黄　________黄
3. 蓝：　________蓝　________蓝　________蓝
4. 白：　________白　________白　________白

读后练习

一、回答问题。

1. 全聚德烤鸭店建于哪一年？创始人叫什么名字？
2. “全聚德”这个名字是谁起的？

二、判断正误。

1. 全聚德是北京唯一的一家烤鸭店。（　　）
2. 杨全仁精明能干，他靠饲养鸡鸭存下了笔钱。（　　）
3. 杨全仁买下了一家叫做“德聚全”的食品店。（　　）
4. 风水先生告诉杨全仁他买下的那家店风水很好。（　　）
5. 那家店的两边有两条小胡同，胡同里各有一顶八抬大轿。（　　）
6. 把“德聚全”三个字倒过来，改为“全聚德”是为了转运。（　　）
7. 杨全仁认为做生意讲究德行很重要。（　　）
8. 杨全仁认为烤鸭店要想生意好，厨师的技术很重要。（　　）
9. 全聚德的生意越来越红火，是因为店的风水好。（　　）
10. 杨全仁请来的孙师傅原来是金华馆的厨师。（　　）
11. 因为烤鸭的技术非常高，孙师傅被请进了宫廷。（　　）

12. 现在全聚德生意很红火，被誉为“北京第一名吃”。（　　）

三、选择加点词语的正确解释。

1. 话说全聚德（　　）

A. 说话　　B. 讲述　　C. 对话　　D. 谈话

2. 由于精明能干，生意越做越红火（　　）

A. 顺利　　B. 出名　　C. 兴隆　　D. 热情

3. 有了自己的店，该起个什么字号呢（　　）

A. 名字和号码　　B. 商店的标志　　C. 好听的名字　　D. 商店的名字

4. 这儿将来盖起一座楼，就如同一顶八抬大轿，前途无量啊（　　）

A. 好像　　B. 如果　　C. 相同　　D. 一样

5. 这儿将来盖起一座楼，就如同一顶八抬大轿，前途无量啊（　　）

A. 八个人坐的轿子　　B. 八个人抬的轿子

C. 八顶大轿子　　D. 八辆大轿车

6. 这儿将来盖起一座楼，就如同一顶八抬大轿，前途无量啊（　　）

A. 将来会有很大发展　　B. 将来的事情无法预测

C. 前面的路还有很远　　D. 前面的路不知有多远

7. 杨全仁得知后就用重金把他请到了全聚德（　　）

A. 得意　　B. 明白　　C. 得到　　D. 知道

8. 就用重金把他请到了全聚德（　　）

A. 重金属　　B. 黄金　　C. 大笔的钱　　D. 巧妙的方法

9. 孙师傅烤出的鸭子果然与众不同（　　）

A. 很特别　　B. 跟别的一样

C. 跟别的差不多　　D. 没什么不同

四、选择与句中加点词语意思相同的一个。

1. 这儿将来盖起一座楼，就如同一顶八抬大轿。 (　　)

A. 盖饭吃起来很方便。

B. 等新宿舍盖好了，我们就可以搬进去了。

C. 小明读的声音最大，把大家的声音都盖过去了。

D. 你先填好入学申请表，然后去办公室盖章。

2. 这儿将来盖起一座楼，就如同一顶八抬大轿。 (　　)

A. 你这顶帽子真漂亮。

B. 他用头把球顶进了球门。

C. 爬了整整四个小时，我们终于爬到了山顶。

D. 一双名牌鞋的价钱顶好几双普通鞋。

3. “全聚德”这个名字正合杨全仁的心意。 (　　)

A. 把咱们几个人的钱合起来就够了。

B. 祝您合家欢乐，万事如意！

C. 不知道这些菜合不合您的口味？

D. 现在一美元合多少人民币？

五、根据课文内容，选择正确答案。

1. “不到长城非好汉，不吃烤鸭真遗憾”这句俗语不包括的意思是： (　　)

A. 来了北京却没有登长城就算不上英雄好汉

B. 来了北京却没有吃烤鸭是非常遗憾的

C. 登长城和吃烤鸭是北京人最重要的业余生活

D. 登长城和品尝烤鸭是北京游两项必不可少的活动

2. 以下哪一个与“全聚德”名字的来历无关？ (　　)

A. “全聚德”的前身是一家叫“德聚全”的食品店

B. 风水先生根据“杨全仁”的名字起了“全聚德”这个店名

C. “全”是一个吉利的汉字，表示“什么都不缺”

D. “聚德”是“聚拢德行”的意思，说明店家讲究德行

3. 以下哪一个全聚德烤鸭的特点，课文里没有提到？（　　）

A. 取材精良　　　　B. 色泽鲜亮

C. 口感脆嫩　　　　D. 肥而不腻

六、联系课文，小组讨论下面的问题。

1. 你还听说过北京的其他老店吗？请上网查一查，试着介绍一家老店的历史。

2. 你们国家最著名的传统菜是什么？试着介绍一下。

泛读篇

节日食品故事四则

1. 冬至[①]饺子的故事

阅读要求：约 250 字，阅读时间 4.5 分钟，答题时间 8 分钟。

1　每年冬至，中国许多地方有吃饺子的习俗，据说这是为了纪念张仲景。张仲景是东汉[②]的一位医学家，曾经当过长沙[③]太守[④]，后来辞官回乡，专门为乡亲治病。张仲景返乡之时，正是冬至，他看到乡亲们饥寒交迫，不少人的耳朵都冻伤了，便让徒弟们用大锅煮“祛寒娇耳汤”，给乡亲们治冻伤的耳朵。

2　他把羊肉等放在锅里煮，然后捞出来切碎做成馅儿，再用面皮包成耳朵的形状，煮熟后分给乡亲们吃。乡亲们吃了“娇耳”，喝了“祛寒汤”，浑身暖和，两耳发热，耳朵就不容易冻伤了。

3　后来每到冬至这一天，人们就做“娇耳”吃，“娇耳”就是现在冬至吃的“饺子”。

生　词

习俗 xísú	乡亲 xiāngqīn	饥寒交迫 jīhán-jiāopò	冻 dòng
锅 guō	煮 zhǔ	祛寒 qū hán	娇 jiāo
馅儿 xiànr	形状 xíngzhuàng		

注释：

1. 冬至：二十四节气之一，一般在每年的 12 月 21 日、22 日或 23 日。
2. 东汉（25—220）：朝代名。
3. 长沙：地名，今湖南省省会。
4. 太守：官名，古代地方最高行政长官。

读后练习

一、回答问题。

1. 冬至吃饺子是为了纪念谁？
2. 饺子是什么时候开始出现的？
3. 饺子原名叫什么？

二、判断正误。

1. 张仲景原来是长沙太守，后来开始学医。（　　）
2. 看到乡亲们的耳朵都冻烂了，张仲景决定辞官。（　　）
3. 张仲景让徒弟们给乡亲们煮“祛寒娇耳汤”。（　　）
4. 娇耳皮是用面做的，里边包着羊肉等。（　　）
5. 因为“娇耳”形状像耳朵，所以可以治冻伤的耳朵。（　　）
6. 每年冬至，人们都煮“祛寒娇耳汤”来治冻伤的耳朵。（　　）

三、选择加点词语的正确解释。

1. 后来辞官回家乡，专门为乡亲治病（　　）

A. 因为年老离开官位　　B. 被要求离开官位

C. 主动提出离开官位　　　　D. 因病离开官位

2. 后来辞官回乡，专门为乡亲治病　（　　）

A. 亲戚们　　B. 农村人　　C. 家里人　　D. 家乡人

3. 张仲景返乡之时，正是冬至　（　　）

A. 回家　　B. 回国　　C. 回城　　D. 回到家乡

4. 他看到乡亲们饥寒交迫，不少人的耳朵都冻伤了　（　　）

A. 又冷又困　　B. 又冷又饿　　C. 又累又饿　　D. 又渴又饿

5. 便让徒弟们用大锅煮“祛寒娇耳汤”　（　　）

A. 弟弟　　B. 学生　　C. 帮手　　D. 师傅

2. 元宵和汤圆

阅读要求：约 370 字，阅读时间 6 分钟，答题时间 8 分钟。

1　正月①十五吃元宵，这个习俗在中国由来已久。宋代②流行一种元宵节吃的食品，这种食品用各种果脯做馅儿，外面用糯米粉做成球儿，煮熟后，吃起来香甜可口。因为这种糯米球儿在锅里煮时，一会儿浮上来，一会儿又沉下去，所以当时叫“浮元子”，后来才改称“元宵”。

2　南方一般把“元宵”称为“汤圆”。据说，1912 年袁世凯做了中华民国的大总统，因为“元”和“袁”同音、“宵”与“消”同音，“元宵”与“袁消”谐音，有“袁世凯被消灭”的意思，所以 1913 年元宵节前，袁世凯下令将“元宵”改名为“汤圆”。这便是“汤圆”这一名称的来历。

3　也有人认为，汤圆和元宵是两种完全不同的食物，因为它们的制作方法不同。汤圆是包出来的，就像包饺子。元宵是“滚”出来的，元宵馅儿是固体的小方块儿，把馅儿放在装满糯米粉的筛子里，然后一边摇筛子，一边洒水，馅儿上的糯米粉越来越多，就像滚雪球一样滚成了元宵。

生 词

元宵 yuánxiāo　　汤圆 tāngyuán　　果脯 guǒfǔ　　糯米 nuòmǐ
浮 fú　　总统 zǒngtǒng　　谐音 xiéyīn　　消灭 xiāomiè
来历 láilì　　食物 shíwù　　滚 gǔn　　固体 gùtǐ
方块儿 fāngkuàir　　筛子 shāizi　　洒 sǎ

注释：

1. 正月 zhēngyuè：农历一月。
2. 宋代（960—1279）：朝代名，包括北宋和南宋。

读后练习

一、回答问题。

1. 元宵节一般是在什么时候？
2. “汤圆”这个名字是从什么时候开始有的？
3. 袁世凯为什么要把“元宵”改名为“汤圆”？

二、判断正误。

1. 宋代就有元宵这种食物，当时叫“浮元子”。（　）
2. 元宵是一种煮着吃的糯米球儿，里边有果脯馅儿。（　）
3. 煮元宵的时候，元宵总是浮在水面上。（　）
4. 人们吃元宵是为了消灭袁世凯。（　）
5. 据说，汤圆这个名字是袁世凯起的。（　）
6. 汤圆是“滚”出来的，元宵是包出来的。（　）
7. 做元宵的时候，要在筛子里放满水、糯米粉和馅儿。（　）

三、选择加点词语的正确解释。

1. 这个习俗在中国由来已久 （ ）

A. 历史很久 B. 早就听说过

C. 有很多理由 D. 不知从何时起

2. 一会儿浮上来，一会儿又沉下去 （ ）

A. 流 B. 游 C. 漂 D. 飘

3. “元宵”与“袁消”谐音，有“袁世凯被消灭”的意思 （ ）

A. 声调一样或差不多 B. 意思一样或差不多

C. 写法一样或差不多 D. 读音一样或差不多

4. 袁世凯下令将“元宵”改名为“汤圆” （ ）

A. 下命令 B. 提建议 C. 出主意 D. 想办法

5. 这便是“汤圆”这一名称的来历 （ ）

A. 来自 B. 意思 C. 历史 D. 情况

3. 端午节的故事

阅读要求：约 330 字，阅读时间 5 分钟，答题时间 8 分钟。

1 农历五月初五是端午节，民间有吃粽子的习俗，传说这是为了纪念大诗人屈原①。

2 屈原是楚国人，楚国快要灭亡时，屈原在农历五月初五这天跳江自杀了。人们很难过，于是每年的这天，就将煮熟的食物扔入江中来祭祀他。

3 一天晚上，有一位老人梦到了屈原，屈原说：“你们送来的食物都让鱼虾吃了。”老人问：“怎样才不会被它们吃掉呢？”屈原说：“你们用竹叶将米包起来，做成菱角的样子，它们以为是菱角就不会抢着吃了。”

4 第二年的端午节，人们按照屈原的话，往江里扔了很多菱角形的粽子。可是，屈原又在梦里对老人说：“大部分粽子还是被鱼虾吃了。”老人问屈原：

“还有什么办法吗？”屈原说：“你们把送粽子的船做成龙的样子，鱼虾害怕龙，它们不敢吃龙王的东西。”据说，这就是端午节吃粽子、划龙舟的来历。

生　词

端午节 Duānwǔ Jié	农历 nónglì	民间 mínjiān	粽子 zòngzi
诗人 shīrén	祭祀 jìsì	虾 xiā	竹叶 zhúyè
菱角 língjiao	划 huá	龙舟 lóngzhōu	

注释：

1. 屈原：约公元前 340 年至公元前 278 年，战国时代楚国诗人、政治家。

读后练习

一、回答问题。

1. 端午节是在什么时候？
2. 端午节为什么吃粽子？
3. 除了吃粽子以外，端午节还有什么活动？

二、判断正误。

1. 屈原是楚国国王。　（　　）
2. 楚国灭亡后，屈原跳江自杀了。　（　　）
3. 老人在梦里见到了屈原。　（　　）
4. 粽子是用竹叶包着的米，形状像菱角。　（　　）
5. 鱼虾以为粽子是菱角，没有吃粽子。　（　　）
6. 人们把送粽子的船做成龙的样子。　（　　）
7. 端午节的时候，人们划着龙舟给龙王送粽子。　（　　）

三、选择与句中加点词语意思相同的一个。

1. 你们用竹叶将米包起来，做成菱角的样子。　　（　　）

A. 给这本书包个书皮吧。

B. 我去超市买了两大包食物。

C. 公司包吃住，这块儿能省不少钱。

D. 吃不了的菜可以打包带回家。

2. 这就是端午节吃粽子、划龙舟的来历。　　（　　）

A. 我的手被纸划破了。

B. 这件衣服质量不错，很划算。

C. 我不喜欢划船，你呢？

D. 你应该先订个计划。

4. 月饼的故事

阅读要求：约 290 字，阅读时间 4.5 分钟，答题时间 8 分钟。

1　农历八月十五是中秋节，中秋节是仅次于春节的中国第二大传统节日。吃月饼是中秋节的习俗之一，月饼象征着团圆。

2　据记载，商周时期①，江浙②一带就有一种“太师饼”，这是月饼的“始祖”。汉代从西域③传来了芝麻和胡桃，于是便出现了用芝麻和胡桃仁做馅儿的“太师饼”，叫作“胡饼”。唐代京城长安有很多专门制作和出售胡饼的店。

3　据说“月饼”这个名字是杨贵妃起的。有一年中秋节，唐玄宗④和杨贵妃一边赏月，一边吃胡饼，唐玄宗嫌胡饼这个名字不好听，杨贵妃抬头望着月亮，随口说出了“月饼”这个名字，从此“胡饼”就改名为“月饼”了。

4　明代⑤，中秋节吃月饼的习俗开始在民间流传开来，月饼成了人们必备的中秋食品。

生　词

月饼 yuèbing	次 cì	传统 chuántǒng	象征 xiàngzhēng
团圆 tuányuán	始祖 shǐzǔ	芝麻 zhīma	胡桃 hútáo
京城 jīngchéng	出售 chūshòu	流传 liúchuán	必备 bìbèi

注释：

1. 商周时期：指商朝和周朝这段时间。商朝，公元前 1600 至公元前 1046 年；周朝，公元前 1046 年至公元前 256 年。
2. 江浙：江苏省和浙江省。
3. 西域：汉代指现在玉门关以西的新疆和中亚等地区。
4. 唐玄宗：唐朝皇帝，名叫李隆基，公元 712 年至 756 年在位。
5. 明代（1368—1644）：朝代名。

读后练习

一、回答问题。

1. 中秋节是在什么时候？中秋节为什么吃月饼？
2. 月饼曾经叫什么名字？月饼这个名字是怎么来的？

二、判断正误。

1. 现代月饼商周时期就有，当时又叫“太师饼”。（　　）
2. 芝麻和胡桃的原产地是江浙一带。（　　）
3. “胡饼”是用芝麻和胡桃仁做馅儿的太师饼。（　　）
4. 唐代胡饼已经是一种常见的食品了。（　　）
5. 杨贵妃觉得胡饼这个名字不好听，把它改成了“月饼”。（　　）
6. 月饼成为民间的中秋食品是从明代开始的。（　　）

三、选择加点词语的正确解释。

1. 月饼象征着团圆 （　　）

A. 说明　　B. 代表　　C. 好像　　D. 意思

2. 唐代京城长安有很多专门制作和出售胡饼的店 （　　）

A. 卖　　B. 买　　C. 出　　D. 产

3. 杨贵妃抬头望着月亮，随口说出了“月饼”这个名字 （　　）

A. 开口　　B. 可口　　C. 大声　　D. 顺口

4. 中秋节吃月饼的习俗开始在民间流传开来 （　　）

A. 传说　　B. 传统　　C. 传播　　D. 活动

四、选择句子的正确解释。

1. 中秋节是仅次于春节的中国第二大传统节日。 （　　）

A. 中秋节和春节一样重要。
B. 中秋节和春节都是中国传统节日。
C. 中国有两大传统节日：春节和中秋节。
D. 春节是中国第一大传统节日，中秋节中国是第二大传统节日。

2. 月饼成了人们必备的中秋食品。 （　　）

A. 只有过中秋节，人们才吃月饼。
B. 过中秋节，一定要请客人吃月饼。
C. 月饼是人们中秋节一定要吃的食品。
D. 过中秋节，家家户户必须自己做月饼。

成语篇

二百五

阅读要求：约530字，阅读时间8分钟，答题时间10分钟。

1 半夜两点，你刚睡着，突然电话响了，你拿起电话，是一位很熟的朋友，你问他什么事，他说："我就想看看你睡着了没有？"这时你可能会怒气冲冲地说："你真是个二百五，我还以为出了什么大事呢！"

2 "二百五"这个俗语到底是怎么来的呢？这里边其实有一个故事。

3 战国时代[1]，有一个叫苏秦[2]的人，很有才华，他先来到秦国，向秦王进谏，但是秦王没有接受他的意见。苏秦一气之下就去游说齐、楚、燕、韩、赵、魏六个国家联合起来攻打秦国。苏秦当上了六国的宰相[3]。

4 一天，苏秦正在齐国办公，突然有人闯进来，刺伤了苏秦。苏秦伤得很重，临死前，他对齐王说："我死后，请您将我五马分尸，然后贴出公告，说我是秦国派来的奸细，理应杀头，所以您要赏给杀我的人一千两黄金，那个凶手看到公告后一定会来领赏的，这样您就可以抓住他了。"

5 苏秦一死，齐王就贴出了公告。公告刚一贴出，就有四个人来领赏。齐王说："我听说凶手只有一个，你们可不能冒充啊！"四个人都一口咬定是自己杀的。齐王听了，连声说："好好好，你们都是英雄，替我杀了奸细。这一千两黄金，你们打算怎么分啊？"四个人齐声说："一人二百五。"齐王一拍桌子，大声喊道："来人，把这四个二百五给我推出去杀了！"四个人这才明白过来，可是已经晚了，而真正的凶手也早已逃回了秦国。

生 词

怒气冲冲 nùqì chōngchōng　　俗语 súyǔ　　进谏 jìnjiàn　　游说 yóushuì
联合 liánhé　　攻打 gōngdǎ　　闯 chuǎng　　尸 shī
公告 gōnggào　　奸细 jiānxì　　理应 lǐyīng　　赏 shǎng
凶手 xiōngshǒu　　冒充 màochōng　　英雄 yīngxióng

注释：

1. 战国时代：中国历史上的一个时代，公元前 475 年至公元前 221 年，当时中国分成很多诸侯国，齐、楚、燕、韩、赵、魏、秦七个诸侯国比较强大。
2. 苏秦：人名，战国时代著名的纵横家、外交家。
3. 宰相 zǎixiàng：中国古代最高行政长官。

读后练习

一、判断正误。

1. 朋友深夜打电话来是担心我睡不好觉。　（　　）
2. 苏秦在齐国办公时被刺伤，伤重而死。　（　　）
3. 苏秦告诉齐王怎样抓住刺杀自己的凶手。　（　　）
4. 齐王贴出公告是为了奖励杀苏秦的凶手。　（　　）
5. 四个人告诉齐王苏秦是他们一起杀的。　（　　）
6. 齐王按照苏秦的主意，成功抓到了凶手。　（　　）

二、选择加点词语的正确解释。

1. 他先来到秦国，向秦王进谏　（　　）

A. 向君王推荐人才　　B. 拜见君王
C. 送给君王礼物　　D. 给君王提意见

2. 苏秦一气之下就去游说齐、楚、燕、韩、赵、魏六个国家 （ ）

A. 一边旅游一边演说　　B. 劝别人听从自己的意见

C. 一边旅行一边学习　　D. 讲旅行中的趣事

3. 请您将我五马分尸 （ ）

A. 用五匹马把尸体分开　　B. 用五匹马拉车

C. 分给每人五匹马　　D. 用五匹马拉的车

4. 我听说凶手只有一个，你们可不能冒充啊！ （ ）

A. 假装　　B. 忘记　　C. 谎话　　D. 乱说

5. 四个人都一口咬定是自己杀的 （ ）

A. 说了不算　　B. 坚决地说　　C. 一起说　　D. 大声地说

三、选择与句中加点词语意思相同的一个。

1. 我死后，请将我五马分尸。 （ ）

A. 请大家将手机关掉。

B. 会议将于周一下午举行。

C. 这次考试，我将将及格。

D. 听了她的话，我将信将疑。

2. 那个凶手看到公告后一定会来领赏的。 （ ）

A. 这件衬衫的领子脏了。

B. 我知道在哪儿，我领你去吧。

C. 现在是 3:2，中国队领先。

D. 请大家到办公室领教材。

四、根据课文内容，选择正确答案。

1. 关于苏秦，以下哪种说法与课文不符？ （ ）

A. 秦王没有接受苏秦的意见，苏秦很生气

B. 苏秦是齐、楚、燕、韩、赵、魏、齐六国的宰相

C. 齐王把苏秦当成了秦国派来的奸细

D. 苏秦死后被齐王五马分尸了

2.“二百五”用来指以下哪一种人？ （ ）

A. 做事鲁莽的人

B. 马虎粗心的人

C. 不懂道理的人

D. 不懂装懂的人

3. 做了以下哪件事情，可能会被说成是“二百五”？ （ ）

A. 写作业时错字太多

B. 明知考试很重要还迟到

C. 请客吃饭时给别人敬酒

D. 吃饭时一直讲自己的事，不听别人说

单元练习

一、朗读句子，注意加点词语的用法。

1. 说起……来

说起烤鸭来，最著名的当然要数“全聚德”了。

说起北京来，给我印象最深的当然是四合院了。

说起学汉语来，最让我头疼的就是声调了。

2. 越……越……

这家店的生意越做越红火。

这部电视剧很有意思，我越看越爱看。

有人说，日语越学越难，英语越学越容易。

3. 一来（呢）……，二来（呢）……

在本地读大学，一来可以住在家里，二来与朋友见面也很方便。

我最近不打算去旅行，一来工作太忙，二来家里事情太多。

我觉得小李更合适：一来呢，他有工作能力；二来呢，他为人和气。

4. 呈

这种毒蛇的头部呈三角形。

银杏树的果实呈圆形。

北极熊的毛皮呈暗白色。

5. 被誉为

九寨沟风景美丽，被誉为“童话世界”。

李白被誉为“诗仙”，杜甫被誉为“诗圣”。

拉萨平均每天的日照时间为 8 小时 15 分钟，被誉为“日光城”。

6. 仅次于

土星是八大行星中仅次于木星的第二大行星。

中国的陆地面积仅次于俄罗斯和加拿大，居世界第三位。

长江是世界第三长河，长度仅次于非洲的尼罗河和南美洲的亚马孙河。

二、给下面的汉字注上拼音，然后选择填空。

腻	嫩	倒	呈	誉	冻	煮	划	闯	领
______	______	______	______	______	______	______	______	______	______

1. 我喜欢吃煎得______一点儿的鸡蛋。
2. 苏州和杭州风景优美，被______为“人间天堂”。
3. 不想做饭的时候，我就______速冻饺子吃，很方便。
4. 我们队______得很快，不一会儿船就到达了终点。
5. 他不时向门外看一眼，怕有人______进来。
6. 这道菜甜而不______，入口即化，是这家店的名菜。
7. 把“德聚全”三个字______过来就是“全聚德”。
8. 粽子______菱角形状，外面是竹叶，里边包的是糯米。
9. 请新来的学生带着学生证到办公室______课本。
10. 冬天气温很低，河里的水都______成了冰。

三、给下面的词语注上拼音，然后选择填空。

兴隆	精明	前途	制作	习俗	来历	纪念	象征	冒充	理应
______	______	______	______	______	______	______	______	______	______

1. 朋友新开了一家餐厅，我祝他生意________。
2. 乘坐地铁、公交时，年轻人________把座位让给老人。
3. 红十字已经成了人道主义的________。
4. 中国人过春节有贴春联的________。
5. 与网络有关的产业很有发展________。
6. 关于端午节的________有很多说法，课文里介绍的只是其中一种。
7. 为了挣钱，有的商家用普通产品________名牌产品。
8. 去旅行时，我们拍了很多张照片当作________。
9. 我家的餐桌和书架都是爸爸亲手________的。
10. 做生意不仅要________，德行也很重要。

四、选择填空。

1. 一位留学生说："我觉得汉语____学____有意思。"

   A. 越……越……　　　　B. 既……又……

2. ____成人、孩子还是老人，门票____是一样的价格。

   A. 只要……就……　　　　B. 不论……都……

3. 儿子送的生日礼物正____妈妈的____，妈妈很开心。

   A. 合……心意　　　　B. 拿……主意

4. 假期我没有去旅行，____是因为人多，____是想休息一下。

   A. 一来……二来……　　　　B. 先……然后……

5. ____得知自己被一家大公司录用的消息____，他赶紧给家人打电话。

   A. 当……时　　　　B. 临……前

6. 端午节的时候，人们用竹叶把糯米包____，做成粽子。

   A. 过来　　　　B. 起来

7. 客人不多，我____准备10瓶啤酒就够了，没想到来的客人都很能喝。

   A. 作为　　　　B. 以为

8. 加拿大面积居世界第二位，____俄罗斯。

   A. 仅次于　　　　B. 不亚于

HSK 拓展训练

一、请选出正确答案。

1. 中国的茶文化历史悠久，其中最重要的是茶艺和茶道。“茶艺”是＿（1）＿制茶、沏茶、品茶的艺术，它对制茶的方法、沏茶的器具、煮茶的用水以及火候都有严格的＿（2）＿。“茶道”是指通过茶艺培养人的性情和修养。中国的茶道，对日本也有很大＿（3）＿，至今日本的茶道＿（4）＿保留着古时候的方法和仪式。

（1）A. 有关　B. 对于　C. 为了　D. 由于

（2）A. 法律　B. 安排　C. 计划　D. 要求

（3）A. 影响　B. 欢迎　C. 帮助　D. 好处

（4）A. 既然　B. 仍然　C. 竟然　D. 虽然

2. 每个孩子都有＿（5）＿与生俱来的某种东西，我们不妨称之为“内在”。每个孩子的内在＿（6）＿。一个家庭里的兄弟姐妹，一出生父母就可以＿（7）＿到，有的孩子很乖巧，有的孩子很霸道，有的孩子很敏感，有的孩子很任性。这些就是我们常说的“上天注定”，是很难＿（8）＿和扭转的。

（5）A. 自由　B. 同时　C. 自己　D. 时间

（6）A. 都是一样的　B. 都是差不多的
C. 都是不一样的　D. 都是别的

（7）A. 考虑　B. 感觉　C. 觉得　D. 思想

（8）A. 明白　B. 理解　C. 改变　D. 学习

二、请选出与短文内容一致的一项。

1. 最近，某网站针对人们对“相亲”的看法，进行了一次调查。结果“赞同相亲”的人占参与调查人数的 34%，“反对相亲”的占 58%。赞同者认为，相亲对整天忙于工作的职业女性比较有帮助。反对者认为，相亲像一场严肃的闹剧，出现在 21 世纪很可笑。

A. 某网站专门经营相亲业务

B. 赞同相亲的人多于反对相亲的人

C. 相亲比较适合整天忙于工作的职业女性

D. 相亲是一种严肃的闹剧

2. 我们通常把习惯用左手做事、左手比右手更灵活的人称为“左撇子”。据说，左撇子在运动方面很有天赋，他们尤其擅长击剑、乒乓球、篮球等项目；但他们也有一些弱点，比如容易激动、发脾气，容易得肠炎。不过，左撇子是否有这些优点和缺点，还需要进一步研究。

A. 左撇子左手比右手灵活

B. 研究表明，左撇子擅长运动

C. 研究表明，左撇子容易得肠炎

D. 左撇子的优点比缺点多

词汇总表

（序号为单元数，不带 * 的词出自精读课文，带 * 的词出自泛读篇、成语篇课文）

A			
爱慕	àimù	adore; love	13*
安定	āndìng	stable	10*
安全	ānquán	safe; secure	3*
安慰	ānwèi	comfort; console	5*
安稳	ānwěn	stable; peaceful	3
岸	àn	the side of a river; bank	3*
暗语	ànyǔ	code word	6
B			
疤	bā	scar; bruise	11
拔	bá	pull out	12*
罢	bà	finish	8
白	bái	show the whites of eyes	10*
拜拜	báibái	bye	6*
摆	bǎi	wave	5*
拜访	bàifǎng	pay a visit	7*
半径	bànjìng	radius	2*
半途而废	bàntú'érfèi	give up halfway	10*
薄	báo	thin	2*
保姆	bǎomǔ	maid; babysitter	11
宝塔	bǎotǎ	pagoda	7*
保证	bǎozhèng	ensure; guarantee	4
报答	bàodá	repay (one's kindness); requite	8
背	bēi	carry on the back	5
悲伤	bēishāng	sad; sorrowful	10
倍	bèi	time(s); -fold	2*
背	bèi	recite	10*
呗	bei	*modal particle used to show that sth. is self-evident*	1*
彼此	bǐcǐ	each other	13
必备	bìbèi	necessary; essential	14*
匾	biǎn	horizontal inscribed board; plaque	14
扁担	biǎndan	carrying pole	3
脖子	bózi	neck	4
捕捉	bǔzhuō	catch; seize	4*
布	bù	cloth	10*
不妨	bùfáng	may as well	12*
不料	bùliào	unexpectedly; to one's surprise	8
不如	bùrú	not as good as	2
不屑	bùxiè	disdain (to do sth.)	13
不厌其烦	bùyànqífán	be not tired of; (do sth.) tirelessly	1
C			
擦	cā	mop	5*
才艺	cáiyì	talent and skill	12
才子	cáizǐ	gifted scholar	11*
藏	cáng	hide	8
曾	céng	at some time in the past	3*
曾经	céngjīng	ever; once	13

插	chā	stick; push in	3*
潮流	cháoliú	tide; trend	12*
车夫	chēfū	carter	9*
沉	chén	keep down; sink	1
沉默	chénmò	keep silent	4*
沉鱼落雁	chényú-luòyàn	(of someone whose beauty) would make wild geese alight and fish dive for shame 落, fall; 雁, wild goose	12
趁	chèn	take the opportunity of	8*
趁机	chènjī	take advantage of the occasion	12
称	chēng	weigh	2*
撑	chēng	prop up; support	10*
称赞	chēngzàn	praise; acclaim	7
呈	chéng	present (form, colour, etc.); appear	14
惩罚	chéngfá	punish; punishment	4*
成熟	chéngshú	ripe; mature	13*
吃惊	chījīng	be shocked; be surprised	1
吃亏	chīkuī	suffer losses	3
翅膀	chìbǎng	wing	12*
重建	chóngjiàn	rebuild	12
宠爱	chǒng'ài	(of a superior towards a subordinate) bestow favour on	12
抽屉	chōuti	drawer	13
愁	chóu	worry	1*
绸子	chóuzi	silk fabric	12*
丑	chǒu	ugly	11
出产	chūchǎn	produce	9*
出名	chūmíng	famous; well-known	9
出色	chūsè	outstanding; remarkable	9
出售	chūshòu	sell	14*
厨师	chúshī	cook; chef	14
锄头	chútou	hoe	8
穿着	chuānzhuó	dress; apparel	9
传说	chuánshuō	legend has it	12
传统	chuántǒng	tradition	14*
闯	chuǎng	rush (into); break in	14*
创始人	chuàngshǐ rén	founder	14
辞职	cízhí	resign; quit (one's job)	10
刺	cì	stab; prick	11
赐	cì	confer sth. on/upon sb.	11*
次	cì	be second to	14*
聪明	cōngming	smart, clever	5*
从来	cónglái	from past till present	1
脆	cuì	crisp	14
存	cún	save (up)	2

D

打赌	dǎdǔ	make a bet	6*
打量	dǎliang	size up	7*
大将	dàjiàng	senior general	11*
呆	dāi	(of one's expression, emotion, etc.) blank; stiff	1
戴	dài	wear	6
袋	dài	bag; sack	8
单独	dāndú	alone; by oneself	8*
蛋	dàn	egg	1
当场	dāngchǎng	on the spot; then and there	6
倒闭	dǎobì	close down	14
道	dào	*a measure word for long strips of things*	11
道理	dàolǐ	reason	7*
得意	déyì	proud; pleased	3*
得意扬扬	déyì-yángyáng	be immensely proud	2*
德行	déxíng	moral integrity	14

得罪	dézuì	displease; offend	9*
凳子	dèngzi	stool; seat	13*
嘀嗒	dīdā	tick; ticktack	6*
嘀咕	dígu	murmur	9*
叼	diāo	hold in the mouth	5*
掉	diào	fall; drop	1*
吊坠	diàozhuì	pendant	6
丢失	diūshī	lose	5*
东施效颦	dōngshī-xiàopín	Dongshi, an ugly woman, frowns in imitation of the famous beauty Xishi (西施), only to make herself uglier—crude imitation with ludicrous effect 效, imitate; 颦, knit the brows	12
洞	dòng	hole	7*
冻	dòng	freeze	14*
都城	dūchéng	capital	11*
端午节	Duānwǔ Jié	Dragon Boat Festival	14*
段	duàn	*a measure word indicating distance*	5
断	duàn	break; snap	5*
对付	duìfu	deal with; cope with	4
对象	duìxiàng	boyfriend/girlfriend	11*
蹲	dūn	squat on the heels	10*
顿时	dùnshí	suddenly; immediately	11*
躲	duǒ	hide	4

E

恶狠狠	èhěnhěn	fierce; ferocious	8
鳄鱼	èyú	crocodile	3*

F

发愁	fāchóu	worry; be anxious	9
发呆	fādāi	be in a daze	12
发现	fāxiàn	realize; find	9*
发型	fàxíng	hairstyle	12
翻	fān	overturn	3
番	fān	time; occurrence	7*
烦恼	fánnǎo	trouble; annoyance	3*
凡是	fánshì	every; any; without exception	1*
反而	fǎn'ér	on the contrary	5*
犯罪	fànzuì	commit a crime	8*
方块儿	fāngkuàir	block; cube	14*
废品	fèipǐn	broken, old and worthless objects; scrap	13
分辨	fēnbiàn	tell; judge	13*
吩咐	fēnfù	tell; ask	13*
焚	fén	burn	10*
粉碎	fěnsuì	smash; break into pieces	9
丰满	fēngmǎn	plump	12*
风水	fēngshuǐ	*fengshui*, a Chinese system for deciding the auspicious location for a house or tomb	14
否认	fǒurèn	deny; negate	8
夫妇	fūfù	husband and wife	2
夫妻	fūqī	husband and wife	11
浮	fú	float	14*
俘虏	fúlǔ	captive; prisoner	12
福气	fúqi	good luck; good fortune	5*
驸马	fùmǎ	emperor's son-in-law	3*
富有	fùyǒu	rich; wealthy	7

G

改	gǎi	alter; revise	1*
干	gān	waterless; empty	3
杆	gān	long and thin cylindrical object; pole	14
敢	gǎn	dare	4
感动	gǎndòng	moved; touched	6

赶快	gǎnkuài	quickly	5*
赶路	gǎnlù	hurry on one's way	8*
缸	gāng	vat; jar; crock	3
高超	gāochāo	excellent; superb	14
高大	gāodà	tall	1
隔壁	gébì	next-door	3*
根本	gēnběn	at all	2
耕地	gēngdì	plough; till	1
供	gōng	supply; support	10
弓	gōng	bow	13*
公差	gōngchāi	person on a public errand	8*
攻打	gōngdǎ	attack	14*
工夫	gōngfu	time	9*
公告	gōnggào	announcement	14*
公式	gōngshì	formula	12*
宫廷	gōngtíng	royal court; the monarch and his officials	14
公文	gōngwén	official document	8*
工资	gōngzī	salary; wage	10
够	gòu	enough	2*
构成	gòuchéng	constitute; form	1*
孤独	gūdú	lonely	10*
姑娘	gūniang	girl	1
古	gǔ	ancient	1*
骨头	gǔtou	bone	3*
固体	gùtǐ	solid body/object	14*
挂	guà	hang	1*
关爱	guān'ài	care about and love	13
观察	guānchá	observe; watch	13*
关系	guānxi	relationship	9*
管	guǎn	bother about	2*
管理	guǎnlǐ	manage; run	12
罐	guàn	jar; can; tin	6*
光棍儿	guānggùnr	bachelor; unmarried man	7*

逛	guàng	stroll; saunter	6
鬼	guǐ	ghost	5
柜台	guìtái	counter; bar	13
滚	gǔn	roll	14*
锅	guō	pan; pot	14*
果脯	guǒfǔ	preserved fruit	14*
果然	guǒrán	as expected; really	13*
果实	guǒshí	fruit	13*

H

嗐	hài	*modal particle used to express sorry or regret*	9*
好好	hǎohǎo	good; well	1*
好奇	hàoqí	curious	7
和尚	héshang	Buddhist monk	1
轰	hōng	bang; explode	10*
厚	hòu	thick	2*
后悔	hòuhuǐ	regret	9*
候选者	hòuxuǎnzhě	candidate	3*
忽然	hūrán	suddenly	3*
壶	hú	pot; kettle	2*
狐假虎威	hújiǎhǔwēi	borrow power to do evil	4*
狐狸	húli	fox	4*
胡桃	hútáo	walnut	14*
胡同	hútòng	alley	14
糊涂	hútu	confused	5*
哗	huā	the noise of water splashing	5
花生	huāshēng	peanut	13*
划	huá	row; paddle	14*
画展	huàzhǎn	art exhibition	9
缓缓	huǎnhuǎn	slowly	7
谎话	huǎnghuà	lie	4*
恍然大悟	huǎngrán-dàwù	come to an understanding suddenly	13*

恢复	huīfù	recover; renew	9*
回绝	huíjué	decline; refuse	11*
毁	huǐ	destroy	10*
汇款单	huìkuǎndān	money order; remittance form	13
婚姻	hūnyīn	marriage; matrimony	11
混蛋	húndàn	bastard; scoundrel	3*
浑身	húnshēn	all over the body	13*
混	hùn	mix; mingle	8*
活泼	huópō	active; full of life	6*

J

机床	jīchuáng	machine tool	10
饥寒交迫	jīhán-jiāopò	suffer hunger and cold	14*
即将	jíjiāng	be about to	6*
吉利	jílì	auspicious	14
急忙	jímáng	in a hurry; hastily	8
即使	jíshǐ	even if	4
集市	jíshì	market; bazaar	5
系	jì	tie; fasten	8
寂寞	jìmò	lonely	8*
纪念	jìniàn	souvenir	13
祭祀	jìsì	offer sacrifices to gods/ancestors	14*
继续	jìxù	continue	2*
记载	jìzǎi	put down in writing	11
夹	jiā	pick up (with chopsticks); place in between	6*
加入	jiārù	join (in)	8*
加深	jiāshēn	deepen	13
枷锁	jiāsuǒ	chains; shackles	8*
假装	jiǎzhuāng	pretend	8*
嫁	jià	(of a woman) marry	3*
嫁妆	jiàzhuang	dowry; trousseau	7*
肩	jiān	shoulder	5
奸细	jiānxì	spy; enemy agent	14*
监狱	jiānyù	prison	10*
减肥	jiǎnféi	lose weight	4*
简直	jiǎnzhí	simply; virtually	8
箭	jiàn	arrow	8
见多识广	jiànduō-shíguǎng	have great experience	5
见怪	jiànguài	mind; take offence	5
渐渐	jiànjiàn	gradually	2
将来	jiānglái	future	11
浇	jiāo	sprinkle water on	13*
娇	jiāo	delicate; lovely	14*
交流	jiāoliú	communicate	6*
郊外	jiāowài	suburb	8*
轿	jiào	sedan chair	14
结实	jiēshi	solid; durable	1*
接受	jiēshòu	accept	11*
接着	jiēzhe	continuously; then	9
结	jié	unite	11
洁净	jiéjìng	clean	10*
解释	jiěshì	explain	6*
戒指	jièzhi	ring (jewellery)	7
尽管	jǐnguǎn	not hesitate to; feel free to	9
进谏	jìnjiàn	admonish; advise	14*
京城	jīngchéng	capital of a country	14*
经过	jīngguò	after	10*
经历	jīnglì	experience	11*
精明	jīngmíng	astute; shrewd	14
敬	jìng	respect	11*
竟然	jìngrán	*indicating unexpectedness*	6
镜子	jìngzi	mirror	7*
究竟	jiūjìng	on earth; exactly	6*
救	jiù	save	8
居然	jūrán	*indicating unexpectedness*	13*

举办	jǔbàn	hold (a meeting, exhibition, etc.)	10
聚	jù	gather	4
巨大	jùdà	huge; tremendous	10
聚会	jùhuì	party; get-together	4*
拒绝	jùjué	refuse	11*
距离	jùlí	gap; distance	11*
聚拢	jùlǒng	assemble; get together	14
据说	jùshuō	it is said	12*
骏马	jùnmǎ	fine horse; steed	5*

K

看望	kànwàng	visit; see	5*
扛	káng	lift on the shoulder	5
靠近	kàojìn	get/be close to	7
可贵	kěguì	valuable	13*
可惜	kěxī	regrettable	9*
空地	kòngdì	open ground	13*
口水	kǒushuǐ	slaver; saliva	5
魁梧	kuíwu	big and tall	7*

L

蜡烛台	làzhútái	candlestick	3
来历	láilì	origin	14*
栏	lán	column	13
懒惰	lǎnduò	lazy	5*
滥竽充数	lànyú-chōngshù	(of incompetent people or shoddy goods) be there just to make up the number	8*
浪费	làngfèi	waste	5*
劳动	láodòng	work; labour	2
老虎	lǎohǔ	tiger	1
老鼠	lǎoshǔ	mouse; rat	4
乐呵呵	lèhēhē	cheerful; joyful	5
理想	lǐxiǎng	ideal	11*
理应	lǐyīng	ought to	14*
厉害	lìhai	awesome	7*
立即	lìjí	immediately; at once	8
立刻	lìkè	immediately	1*
联合	liánhé	unite	14*
猎人	lièrén	hunter	8
铃铛	língdang	bell	4
菱角	língjiao	water caltrop	14*
溜	liū	slip away; sneak off	8*
流传	liúchuán	spread; circulate	14*
流行	liúxíng	popular	12*
留言	liúyán	message (written at departure)	13
龙舟	lóngzhōu	dragon boat	14*
笼子	lóngzi	cage	12*
喽	lou	*modal particle used to call attention to sth.*	7
录取	lùqǔ	enrol; admit to	10
驴	lǘ	donkey	2
旅程	lǚchéng	trip; journey	13

M

抹	mā	wipe	5*
马夫	mǎfū	groom; horsekeeper	9*
埋	mái	bury	3*
瞒	mán	hide the truth from	6*
满	mǎn	full; filled	2
毛病	máobìng	defect	6*
冒充	màochōng	pretend to be	14*
貌美	màoměi	beautiful	11*
没劲	méijìn	boring	10*
眉头	méitóu	brow	12
闷闷不乐	mènmèn-bùlè	depressed; in low spirits	1*
迷惑	míhuò	confuse; delude	12
秘密	mìmì	secret	10*
面积	miànjī	area; acreage	2*
渺小	miǎoxiǎo	tiny; negligible	7
庙	miào	temple	1

妙	miào	wonderful; excellent	4
灭亡	mièwáng	be destroyed; (of a state) fall	12
民间	mínjiān	folk among the people	14*
明明	míngmíng	obviously	9
模仿	mófǎng	imitate; copy	12*
模特儿	mótèr	model	9
拇指	mǔzhǐ	thumb	7
目瞪口呆	mùdèng-kǒudāi	stunned	2*
墓地	mùdì	cemetery; graveyard	10*
木鱼	mùyú	wooden fish; Chinese temple block	3

N

纳闷儿	nàmènr	be bewildered; be puzzled	13*
难道	nándào	*used to give force to a rhetorical question*	4*
难得	nándé	hard or not possible to come by	9
脑袋	nǎodai	head	10
脑筋	nǎojīn	brain; mind	7*
闹	nào	tease; joke	6
嫩	nèn	(of food) tender; delicate	14
腻	nì	greasy; oily	14
年纪	niánjì	age	2
念经	niànjīng	chant scriptures	3
农夫	nóngfū	farmer	8
农历	nónglì	lunar calendar	14*
弄巧成拙	nòngqiǎo-chéngzhuō	try to be clever only to end up with a blunder	3*
怒气冲冲	nùqì chōng chōng	furious	14*
糯米	nuòmǐ	glutinous rice	14*

O

偶然	ǒurán	accidental; fortuitous	7*

P

啪	pā	crack; bang; clap	3*
拍	pāi	clap; pat	4
排行	páiháng	be ranked	7
牌子	páizi	sign; board	3*
陪	péi	keep sb. company	6
捧	pěng	hold or carry in both hands	12*
批	pī	group; lot; batch	12*
皮	pí	skin; peel; rind	2*
匹	pǐ	*a measure word for horses, mules, etc.*	5*
骗	piàn	fool; cheat	4*
飘	piāo	float (in the air)	5
凭	píng	with; by virtue of; based on	10
平凡	píngfán	ordinary; common	11*
平方	píngfāng	square; quadratic	12*
扑	pū	pounce on sb./sth.	8
扑灭	pūmiè	put out (a fire)	3

Q

欺负	qīfu	bully	4
七嘴八舌	qīzuǐ-bāshé	all talking in confusion	4
奇怪	qíguài	strange	5
齐心协力	qíxīn-xiélì	work as one	3
杞人忧天	qǐrén-yōutiān	entertain imaginary or groundless fears	1*
气呼呼	qìhūhū	in a huff; angry	9*
气急败坏	qìjí-bàihuài	flustered and exasperated	3*
牵	qiān	lead along	9*
迁	qiān	move; relocate	10*
签	qiān	sign; autograph	13
千万	qiānwàn	must; be sure to	1
前途	qiántú	future; prospect	14
欠	qiàn	owe	10

强大	qiángdà	powerful	3*
强壮	qiángzhuàng	strong; robust	9*
抢	qiǎng	scramble for; fight for	2
敲	qiāo	knock; beat	3
悄悄	qiāoqiāo	quietly; on the quiet	8*
切	qiē	cut	10*
亲自	qīnzì	personally; in person	12*
勤劳	qínláo	diligent; industrious	4
轻功	qīnggōng	*qinggong*, a technique of moving swiftly and lightly in Chinese martial arts	5
情景	qíngjǐng	scene; sight	13
请求	qǐngqiú	request	9
区别	qūbié	discriminate; differentiate	6
祛寒	qū hán	dispell cold	14*
去世	qùshì	die	8*
劝	quàn	advise; try to persuade	6*
群	qún	group; herd	4
R			
人世	rénshì	human world; this world	10
任务	rènwu	task; mission	8*
日积月累	rìjī-yuèlěi	accumulate over a long period	10*
柔弱	róuruò	weak; delicate	12
入伍	rùwǔ	enlist in the armed forces	5*
S			
洒	sǎ	sprinkle; spill	14*
森林	sēnlín	forest	4*
僧袍	sēngpáo	monk robe	8*
傻瓜	shǎguā	fool	9*
筛子	shāizi	sieve; sifter	14*
山顶	shāndǐng	top of a mountain	1
赏	shǎng	grant (bestow) a reward; appreciate	14
上当	shàngdàng	be taken in; be tricked	6
烧	shāo	burn	3
蛇	shé	snake	2*
射	shè	shoot (an arrow)	8
伸	shēn	stretch; extend	13
生命	shēngmìng	life	11
省吃俭用	shěngchī-jiǎnyòng	save money on food and expenses	14
剩	shèng	be left (over)	3*
诗	shī	poem	10*
尸	shī	corpse	14*
失败	shībài	fail; be defeated	6
诗人	shīrén	poet	14*
狮子	shīzi	lion	3*
识别	shíbié	recognise	9*
实际	shíjì	practical; realistic	4*
石榴	shíliu	pomegranate	13*
食品	shípǐn	food	13*
食物	shíwù	food	14*
始祖	shǐzǔ	earliest ancestor	14*
试图	shìtú	attempt (to do sth.)	13
收藏	shōucáng	collect; store up	13
收获	shōuhuò	reap a harvest	13*
收入	shōurù	income	10
收拾	shōushi	pack (up)	8*
手指	shǒuzhǐ	finger	7
受	shòu	bear; endure; put up with	4
兽	shòu	beast	4*
受伤	shòushāng	be injured	8
梳	shū	comb	12
熟悉	shúxi	(be) familiar with	5
数	shǔ	be reckoned as exceptionally (good, bad, etc.)	7

属于	shǔyú	belong to; be part of	12*
竖	shù	set upright	7
摔	shuāi	slam	4*
帅气	shuàiqi	handsome; cool	6*
拴	shuān	tie; fasten	4
双胞胎	shuāng-bāotāi	twins	6
水池	shuǐchí	pool	3*
水桶	shuǐtǒng	bucket	4*
撕	sī	rip; tear	13
嘶鸣	sīmíng	whinny; neigh	9*
思想家	sīxiǎngjiā	ideologist	10*
寺庙	sìmiào	temple	3
嗖	sōu	whoosh	8*
俗话	súhuà	common saying	7
俗语	súyǔ	common saying	14*
诉说	sùshuō	tell; recount	12*
随口	suíkǒu	(speak) thoughtlessly; randomly	9*
损失	sǔnshī	loss	5*
缩	suō	contract; shrink	8
		T	
抬	tái	(of two or more persons) carry	2
态度	tàidù	attitude	2
太太	tàitai	wife	1*
毯子	tǎnzi	blanket	10*
叹气	tànqì	sigh	5*
汤圆	tāngyuán	sweet dumplings made of glutinous rice flour	14*
掏	tāo	take out	8*
桃子	táozi	peach	13*
逃走	táozǒu	escape	4
讨论	tǎolùn	discuss	7
提醒	tíxǐng	remind; warn	9*
体积	tǐjī	volume	2*

体面	tǐmiàn	dignity; decency	13*
剃	tì	shave	8*
添	tiān	add	2*
天鹅	tiān'é	swan	12*
天空	tiānkōng	sky	10*
天堂	tiāntáng	paradise; heaven	10
天文	tiānwén	astronomy	10
挑	tiāo	tote (with a carrying pole)	3
迢迢	tiáotiáo	far away	12*
铁青	tiěqīng	livid	4*
亭子	tíngzi	pavilion	13*
铜	tóng	copper	11*
同桌	tóngzhuō	deskmate	10*
统一	tǒngyī	unify	11*
痛快	tòngkuài	forthright	11*
偷	tōu	steal	3
透	tòu	fully; completely	7*
徒弟	túdì	apprentice	1
吐	tù	spit	5
团	tuán	sth. shaped like a ball	1*
团圆	tuányuán	reunion	11*
驮	tuó	carry on one's back	2
		W	
挖	wā	dig	3*
王国	wángguó	kingdom	3*
旺	wàng	flourishing; prosperous	3
危险	wēixiǎn	dangerous; perilous	11
唯一	wéiyī	only; sole	9
尾巴	wěiba	tail	5*
伟大	wěidà	great	7
胃癌	wèi'ái	gastric cancer	4*
胃炎	wèiyán	gastritis	4*
喂养	wèiyǎng	feed; raise	9*
位置	wèizhi	position; place	7
嗡	wēng	buzz	10

握	wò	hold; grasp	4*
无缘无故	wúyuán-wúgù	without cause or reason	11
捂	wǔ	cover; muffle	12
侮辱	wǔrǔ	insult	10*
午夜	wǔyè	midnight	6*
舞者	wǔzhě	dancer	12*

X

吸引	xīyǐn	attract; appeal to	11
习俗	xísú	custom; convention	14*
瞎	xiā	be blind	11
虾	xiā	shrimp	14*
吓	xià	frighten; scare	4*
陷	xiàn	sink	1*
献	xiàn	offer; present	12*
羡慕	xiànmù	admire; envy	13
馅儿	xiànr	filling; stuffing	14*
现实	xiànshí	reality	11*
香	xiāng	joss stick	3
香火	xiānghuǒ	joss sticks and candles burning at a temple	3
乡亲	xiāngqīn	person from the same village or town	14*
箱子	xiāngzi	case; box	2
想念	xiǎngniàn	long to see again; miss	10*
相	xiàng	judge; appraise	9*
项链	xiàngliàn	necklace	6
象征	xiàngzhēng	symbolize	14*
消灭	xiāomiè	wipe out; eliminate	14*
小伙子	xiǎohuǒzi	young man	1
笑嘻嘻	xiàoxīxī	grinning; smiling broadly	7*
肖像	xiàoxiàng	portrait; portraiture	9
谐音	xiéyīn	homophonic	14*
心病	xīnbìng	secret trouble	6*
心情	xīnqíng	mood; emotion	6*
心思	xīnsi	thought; idea	6
心意	xīnyì	what one has in mind	14
新娘	xīnniáng	bride	11
心疼	xīnténg	love dearly; be protective of	10*
欣然	xīnrán	agreeable; glad	5
新鲜	xīnxiān	new; fresh; novel	1
信封	xìnfēng	envelope	10*
信任	xìnrèn	trust	12
信息	xìnxī	message	1*
兴奋	xīngfèn	excited	10
兴隆	xīnglóng	prosperous; thriving	14
行礼	xínglǐ	salute; give a salute	7
行李	xíngli	luggage	8*
形象	xíngxiàng	image	9
形状	xíngzhuàng	shape	14*
幸好	xìnghǎo	fortunately; luckily	11
胸口	xiōngkǒu	chest	12
凶手	xiōngshǒu	murderer	14*
嘘	xū	hush	5*
吁吁	xūxū	pant	7*
学堂	xuétáng	school (in old days)	10*

Y

压	yā	press; put under pressure	2
押	yā	send under guard; escort	8*
言外之意	yánwàizhīyì	implication	9*
眼睁睁	yǎnzhēng-zhēng	helplessly	12*
演奏	yǎnzòu	play a musical instrument	8*
养	yǎng	bring up; provide for	2
腰	yāo	waist	4*
摇	yáo	shake	2*
依	yī	according to	7*

一口气	yīkǒuqì	in one breath; without a break	2*
一连	yīlián	in succession	9*
一模一样	yīmú-yīyàng	exactly alike	6
一切	yīqiè	all; everything	3*
一生	yīshēng	all one's life; lifetime	9
咦	yí	*a modal particle indicating surprise*	8*
遗憾	yíhàn	sorry; regretful	4*
疑问	yíwèn	query; question	7*
以及	yǐjí	and; along with	11*
艺术	yìshù	art	9
银子	yínzi	silver (coin)	3*
引领	yǐnlǐng	lead; guide	12*
印	yìn	print; impress	13*
英雄	yīngxióng	hero	14*
赢得	yíngdé	win	12
影子	yǐngzi	shadow	13*
俑	yǒng	tomb figure	12*
勇敢	yǒnggǎn	brave; courageous	3*
永远	yǒngyuǎn	forever	4
忧虑	yōulǜ	worried	5*
优美	yōuměi	graceful	6*
优秀	yōuxiù	outstanding; excellent	9
邮递员	yóudìyuán	postman	13
游说	yóushuì	go canvassing	14*
犹豫	yóuyù	hesitate	13*
于是	yúshì	then; thus	2*
愚蠢	yúchǔn	stupid; foolish	4*
誉	yù	praise; eulogize	14
遇到	yùdào	meet; come across	1*
预言	yùyán	prediction; predict	9
缘分	yuánfèn	lot or luck by which people are brought together	11*
元宵	yuánxiāo	sweet dumplings made of glutinous rice flour	14*
院子	yuànzi	courtyard	3*
约定	yuēdìng	agree; appoint	6
月饼	yuèbing	moon cake	14*
月光	yuèguāng	moonlight	11
月亮	yuèliang	moon	1*
岳母	yuèmǔ	wife's mother	6*
乐师	yuèshī	musician	8*
乐舞	yuèwǔ	dance accompanied by music	12*

Z

葬礼	zànglǐ	funeral	10*
枣红	zǎohóng	purplish red; claret	14
炸	zhà	be aflutter	10
榨	zhà	press for extracting juice, oil, etc.	13*
展开	zhǎnkāi	spread; unfold	12*
战	zhàn	fight; battle	5*
战场	zhànchǎng	battlefield	9*
掌上明珠	zhǎngshàng-míngzhū	a pearl in the palm—a beloved daughter	11
长相	zhǎngxiàng	looks; appearance	6*
着火	zháohuǒ	catch fire	3
照顾	zhàogù	take care of; look after	6*
照实	zhàoshí	according to the facts	1*
照样	zhàoyàng	still; nevertheless	6
遮	zhē	cover; hide from one's view	7*
斟	zhēn	pour (wine or tea)	13*
珍宝	zhēnbǎo	treasure	12*
珍贵	zhēnguì	precious	12*
争	zhēng	contend; vie	6
睁	zhēng	open (one's eyes)	10*
争吵	zhēngchǎo	quarrel; wrangle	3
争论	zhēnglùn	argue; debate	10

争先恐后	zhēngxiān-kǒnghòu	vie with each other to do sth.	2
正月	zhēngyuè	lunar January	11*
整理	zhěnglǐ	arrange; put in order	10
挣	zhèng	earn	10
织	zhī	weave	10*
芝麻	zhīma	sesame	14*
枝头	zhītóu	(on the) branch; treetop	13*
值	zhí	worth	2*
咫尺	zhǐchǐ	very close; close at hand	11*
只好	zhǐhǎo	have no choice but to	1
指数	zhǐshù	index	12*
纸条	zhǐtiáo	slip of paper	2
只要	zhǐyào	if only; as long as	4
制作	zhìzuò	make; produce	14
终于	zhōngyú	finally; at last	1*
种	zhǒng	seed	13*
种	zhòng	plant; grow	13*
重量	zhòngliàng	weight	2*
中意	zhòngyì	be to one's liking	9*
皱	zhòu	wrinkle; crinkle; crumple	12
竹叶	zhúyè	bamboo leaf/leaves	14*
煮	zhǔ	boil	14*
主任	zhǔrèn	director	4*
主意	zhǔyi	idea	2
著称	zhùchēng	be famous for	12*
著名	zhùmíng	famous	9
祝福	zhùfú	wish (sb.) well	13
祝贺	zhùhè	congratulate	5*
转眼	zhuǎnyǎn	in the twinkling of an eye	1
装	zhuāng	put into	3
追	zhuī	pursue; go after	6
资料	zīliào	data; material	10
滋味	zīwèi	feeling	9*
仔细	zǐxì	careful	7*
字体	zìtǐ	form of a written or printed character	10*
自言自语	zìyán-zìyǔ	talk to oneself	9*
自以为是	zìyǐwéishì	be self-righteous; believe sth. to be correct opinionatedly	9
总统	zǒngtǒng	president of a country	14*
粽子	zòngzi	pyramid-shaped dumplings made of glutinous rice	14*
租	zū	rent	2
阻止	zǔzhǐ	stop; prevent	9
嘴	zuǐ	mouth	5*
醉	zuì	get drunk	6*
作品	zuòpǐn	work; opus	9

第 1 单元

精读篇　吃人的老虎

语言点

一、1. B　2. A　3. B　4. A
二、1. A　2. D　3. B　4. C

读后练习

一、略
二、1. ×　2. √　3. ×　4. ×　5. √　6. √　7. √　8. √
三、1. B　2. C　3. C　4. A　5. D
四、1. A　2. C
五、1. B　2. D
六、略

泛读篇　喝酒与读书

一、1. √　2. √　3. ×　4. ×　5. ×
二、1. D　2. B　3. C　4. B　5. A
三、1. C　2. B

成语篇　杞人忧天

一、1. ×　2. √　3. ×　4. ×　5. √
二、1. B　2. C
三、1. B　2. D

单元练习

二、1. 掉　2. 放　3. 长　4. 骑　5. 愁　6. 改　7. 挂　8. 点、点　9. 够　10. 试、试
三、1. 照实　2. 遇到　3. 立刻　4. 结实　5. 高大　6. 新鲜　7. 答应　8. 吃惊　9. 担心　10. 构成
四、1. B　2. A　3. A　4. B　5. B　6. A　7. A　8. B

HSK 拓展训练

一、1.（1）B　（2）C　（3）D　（4）B
　　2.（5）A　（6）A　（7）B　（8）D
二、1. D　2. C

第 2 单元

精读篇　儿子不如石头

语言点

一、1. A. biàn　　B. pián

　　2. A. lè　　B. yuè

　　3. A. jiào　　B. jué

二、1. A　2. D　3. C　4. B

读后练习

一、略

二、1. √　2. ×　3. ×　4. √　5. ×

三、1. C　2. D　3. B　4. C　5. A

四、1. A　2. D

五、1. D　2. A

六、③⑤④②⑥

七、略

泛读篇　数学家买西瓜

一、1. ×　2. √　3. √　4. ×　5. ×

二、1. C　2. B　3. A　4. D　5. A

成语篇　画蛇添足

一、1. ×　2. √　3. ×　4. ×　5. √

二、1. C　2. B

三、1. D　2. A

单元练习

二、1. 抢　2. 添　3. 存　4. 称　5. 养　6. 值　7. 抬　8. 压　9. 租　10. 搬

三、1. 态度　2. 重量　3. 面积　4. 根本　5. 继续　6. 年纪　7. 得意　8. 纸条　9. 比赛　10. 劳动

四、1. A　2. B　3. B　4. A　5. B　6. A　7. B　8. A

HSK 拓展训练

一、1.（1）A　（2）D　（3）C　（4）B

　　2.（5）C　（6）D　（7）B　（8）D

二、1. A　2. C

第 3 单元

精读篇　三个和尚

语言点

一、1. 寄、送　2. 发　3. 关　4. 合、闭

二、1. D　2. C　3. B　4. A

读后练习

一、略

二、1. √　2. ×　3. ×　4. √　5. ×

三、1. C　2. C　3. D　4. A　5. C

四、1. A　2. D

五、1. B　2. C　3. D

六、略

泛读篇　国王选驸马

一、1. ×　2. ×　3. ×　4. √　5. √

二、1. B　2. A　3. D　4. D　5. C

三、1. B　2. B

成语篇　此地无银三百两

一、1. ×　2. √　3. ×　4. ×　5. ×

二、1. D　2. B　3. A

三、1. B　2. D

单元练习

二、1. 选　2. 挖　3. 装　4. 念　5. 管　6. 偷　7. 插　8. 剩　9. 挑　10. 敲

三、1. 吃亏　2. 总算　3. 正巧　4. 争吵　5. 兴旺　6. 安全　7. 得意　8. 勇敢　9. 忽然　10. 安稳

四、1. B　2. A　3. B　4. A　5. A　6. B　7. A　8. A

HSK 拓展训练

一、1.（1）A　（2）C　（3）B　（4）D

　　2.（5）B　（6）A　（7）B　（8）C

二、1. B　2. C

第 4 单元

精读篇　给猫拴铃铛

语言点

一、1. B　2. D　3. A　4. C

二、1. C　2. A　3. D　4. B

读后练习

一、略

二、1. √　2. ×　3. ×　4. √　5. ×

三、1. D　2. C　3. B　4. D　5. C　6. A

四、1. A　2. B

五、1. B　2. A　3. C

六、略

泛读篇　说真话

一、1. √　2. ×　3. √　4. √　5. ×

二、1. B　2. C　3. D　4. B　5. C

三、1. A　2. C

成语篇　狐假虎威

一、1. √　2. ×　3. ×　4. √　5. √

二、1. C　2. B　3. A　4. B　5. A

三、1. B　2. C

四、1. A　2. B

单元练习

二、1. 减　2. 拴　3. 握　4. 敢　5. 聚　6. 摔　7. 逃　8. 拍　9. 躲　10. 骗

三、1. 遗憾　2. 保证　3. 森林　4. 欺负　5. 空话　6. 沉默　7. 永远　8. 减肥　9. 小心　10. 聚会

四、1. A　2. B　3. A　4. B　5. B　6. A　7. B　8. A

HSK 拓展训练

一、1.（1）A　（2）C　（3）D　（4）A

　　2.（5）D　（6）A　（7）C　（8）B

二、1. D　2. C

第 5 单元

精读篇　卖鬼

语言点

一、1. B　2. C　3. D　4. A

二、1. B　2. A　3. D　4. C

读后练习

一、略

二、1. √　2. ×　3. ×　4. ×　5. √　6. ×　7. √　8. √　9. √　10. √

三、1. C　2. D　3. D　4. A　5. B

四、1. B　2. D

五、1. C　2. A　3. D

六、略

泛读篇　聪明的小狗

一、1. ×　2. ×　3. √　4. ×　5. √

二、1. B　2. A　3. D　4. B　5. D　5. D

三、1. C　2. B

四、1. B　2. D

成语篇　塞翁失马

一、1. ×　2. √　3. ×　4. ×　5. ×

二、1. A　2. C　3. A　4. B　5. A　6. B

三、1. C　2. B

四、略

单元练习

二、1. 丢　2. 擦　3. 吓　4. 吐　5. 扛　6. 背　7. 准　8. 断　9. 摆　10. 飘

三、1. 懒惰　2. 见怪　3. 浪费　4. 可惜　5. 看望　6. 安慰　7. 成功　8. 损失　9. 逃跑　10. 熟悉

四、1. A　2. A　3. A　4. B　5. A　6. B　7. A　8. B

HSK 拓展训练

一、1.（1）B　（2）D　（3）A　（4）D

　　2.（5）B　（6）B　（7）A　（8）A

二、1. B　2. B

第 6 单元

精读篇　高招

语言点

一、1. 米饭 / 泡饭 / 炒饭　2. 铅笔 / 毛笔 / 钢笔　3. 手语 / 口语 / 暗语　4. 皮包 / 背包 / 书包

二、1. E　2. D　3. A　4. B　5. C

读后练习

一、略

二、1. ×　2. √　3. ×　4. √　5. ×　6. ×　7. ×　8. √　9. ×　10. √
三、1. B　2. C　3. B　4. A　5. D　6. A　7. D　8. A
四、1. A　2. B
五、1. D　2. C
六、略

泛读篇　闭嘴计划

一、1. ×　2. √　3. √　4. ×　5. ×　6. ×
二、1. D　2. B　3. A　4. D　5. A　6. C
三、1. B　2. D

成语篇　邯郸学步

一、1. √　2. ×　3. √　4. ×　5. √
二、1. B　2. C　3. D　4. B　5. A
三、1. A　2. B　3. A

单元练习

二、1. 闭　2. 费　3. 劝　4. 嫌　5. 陪　6. 争　7. 逛　8. 瞒　9. 夹　10. 闹
三、1. 特意　2. 身材　3. 优美　4. 毛病　5. 模样　6. 打赌　7. 活泼　8. 照顾　9. 感动　10. 失败
四、1. A　2. B　3. B　4. A　5. B　6. A　7. A　8. B

HSK 拓展训练

一、1.（1）C　（2）D　（3）B　（4）A
　　2.（5）B　（6）C　（7）C　（8）C
二、1. C　2. B

第 7 单元

精读篇　谁最重要

语言点

一、1. D　2. C　3. A、A　4. B
二、1. B　2. D　3. A　4. C

读后练习

一、1. C　2. B　3. D　4. A
二、1. ×　2. √　3. ×　4. ×　5. √　6. ×
三、1. D　2. A　3. C　4. B　5. D　6. C　7. A　8. B
四、1. C　2. A
五、1. D　2. A　3. D

六、1. A　2. B

七、略

泛读篇　老鼠嫁女

一、1. 太阳、白云、北风、宝塔　2. 猫

二、1. 白云可以遮住太阳的光　　2. 北风可以吹走白云

　　3. 北风吹不倒宝塔　　4. 老鼠可以把宝塔挖得到处是洞

三、1. A　2. B　3. C

四、1. C　2. D

成语篇　邹忌比美

一、略

二、1. ×　2. √　3. ×　4. √　5. ×

三、1. D　2. B　3. C　4. A　5. B

四、1. C　2. B

单元练习

二、1. 低　2. 让　3. 透　4. 数　5. 靠　6. 竖　7. 遮　8. 摇、摇　9. 戴　10. 照

三、1. 伟大　2. 打量　3. 拜访　4. 渺小　5. 道理　6. 重要　7. 称赞　8. 厉害　9. 讨论

　　10. 靠近、靠近

四、1. A　2. A　3. A　4. B　5. A　6. B　7. B　8. A

HSK 拓展训练

一、1.（1）A　（2）A　（3）D　（4）B

　　2.（5）D　（6）A　（7）B　（8）C

二、1. C　2. B

第 8 单元

精读篇　东郭先生和狼

语言点

一、1. D　2. A　3. B　4. C

二、1. C　2. A　3. D　4. B

读后练习

一、略

二、1. ×　2. √　3. √　4. √　5. ×　6. ×　7. ×　8. ×　9. ×　10. ×

三、1. B　2. A　3. D　4. B　5. C　6. D　7. A　8. D

四、1. B　2. C

五、1. A　2. D
六、1. B　2. B
七、略

泛读篇　公差与和尚
一、略
二、1. ×　2. ×　3. ×　4. √　5. √
三、1. D　2. A　3. D　4. B
四、1. C　2. C
五、③⑥②⑦④⑤

成语篇　滥竽充数
一、1. ×　2. ×　3. √　4. ×　5. ×
二、1. B　2. A　3. C　4. A　4. D
三、1. B　2. C
四、1. D　2. A

单元练习
二、1. 掏　2. 溜　3. 射　4. 救　5. 混　6. 藏　7. 缩　8. 扑　9. 赶　10. 系
三、1. 收拾　2. 寒冷　3. 报答　4. 尤其　5. 亲眼　6. 立即　7. 假装　8. 演奏　9. 否认　10. 不料
四、1.A　2. B　3. B　4. A　5. B　6. A　7. A　8. B

HSK 拓展训练
一、1.（1）B　（2）D　（3）A　（4）C
　　2.（5）D　（6）B　（7）A　（8）A
二、1. A　2. D

第 9 单元

精读篇　预言
语言点
一、1. D　2. C　3. A　4. B
二、1. D　2. A　3. C　4. B

读后练习
一、略
二、1. ×　2. √　3. ×　4. ×　5. √　6. √　7. √　8. ×　9. ×　10. ×
三、1. D　2. A　3. B　4. C　5. A　6. A　7. B　8. D
四、1. C　2. B

五、1. B　2. D
六、1. B　2. B
七、略

泛读篇　言外之意

一、略
二、1. C　2. B　3. A　4. C　5. D　6. B　7. A　8. B
三、1. B　2. D
四、1. C　2. B

成语篇　伯乐相马

一、略
二、1. ×　2. √　3. ×　4. ×　5. ×
三、1. A　2. D　3. A　4. D　5. C
四、1. 气喘吁吁　2. 将信将疑　3. 毫不犹豫　4. 两耳生风
五、1. C　2. A

单元练习

二、1. 传　2. 理　3. 牵　4. 喂、喂　5. 接　6. 求　7. 随　8. 约　9. 搞　10. 扬
三、1. 拒绝　2. 提醒　3. 著名　4. 举办　5. 难得　6. 解释　7. 可惜　8. 滋味　9. 恢复　10. 中意
四、1. A　2. A　3. A　4. B　5. A　6. B　7. B　8. A

HSK 拓展训练

一、1.（1）A　（2）A　（3）D　（4）C
　　2.（5）B　（6）A　（7）B　（8）D
二、1. A　2. B

第 10 单元

精读篇　天堂里有没有大学

语言点

一、1. 得失、是非、动静、买卖
　　2. 多少、反正、迟早、东西
　　3. 前后、听说、冷暖、始终
二、1. D　2. E　3. B　4. C　5. A

读后练习

一、略
二、1. ×　2. √　3. ×　4. √　5. √　6. √　7. √　8. ×　9. ×　10. ×

三、1. A　2. D　3. A　4. B　5. D　6. B　7. B　8. C
四、1. D　2. C
五、1. A　2. C　3. D　4. C
六、略

泛读篇　妈妈的秘密
一、略
二、1. ×　2. ×　3. √　4. ×　5. √　6. √
三、1. A　2. D　3. D　4. B　5. A　6. B
四、1. D　2. B

成语篇　孟母三迁
一、1. ×　2. ×　3. ×　4. √　5. √
二、1. D　2. B　3. A　4. D　5. B　6. C
三、1. D　2. C
四、1. A　2. A　3. B

单元练习
二、1. 欠　2. 撑　3. 蹲　4. 供　5. 炸　6. 挣、挣　7. 切　8. 盖　9. 剪　10. 织
三、1. 隔壁　2. 侮辱　3. 兴奋　4. 悲伤　5. 录取　6. 争论　7. 收入　8. 想念　9. 坚持　10. 辞职
四、1. B　2. A　3. A　4. A　5. A　6. B　7. B　8. A

HSK 拓展训练
一、1.（1）B　（2）A　（3）C　（4）D
　　2.（5）D　（6）C　（7）B　（8）A
二、1. C　2. A

第 11 单元

精读篇　月下老人

语言点
一、1. D　2. A　3. B　4. C
二、1. C　2. B　3. A　4. D

读后练习
一、略
二、1. ×　2. ×　3. √　4. √　5. ×　6. ×　7. √　8. √　9. ×　10. ×
三、1. A　2. D　3. A　4. C　5. B　6. D　7. C　8. B
四、1. D　2. C

五、④⑦⑥②⑤③
六、略

泛读篇　理想与现实
一、略
二、1. ×　2. √　3. ×　4. √　5. ×　6. ×
三、1. A　2. D　3. C　4. A　5. C
四、1. B　2. B

成语篇　破镜重圆
一、1. √　2. ×　3. ×　4. ×　5. √
二、1. C　2. D　3. B　4. D
三、1. C　2. A
四、1. D　2. A　3. B

单元练习
二、1. 丑　2. 弄　3. 转　4. 谈　5. 结　6. 赐　7. 发　8. 忍　9. 道　10. 养
三、1. 团圆　2. 记载　3. 缘分　4. 犹豫　5. 吸引　6. 转眼　7. 顿时　8. 危险　9. 缘故　10. 消息
四、1. A　2. B　3. A　4. B　5. A　6. A　7. B　8. B

HSK 拓展训练
一、1.（1）C　（2）B　（3）A　（4）D
　　2.（5）C　（6）A　（7）B　（8）C
二、1. A　2. B

第 12 单元

精读篇　西施的故事
语言点
一、1. 四大洋　2. 五官　3. 五指　4. 五味　5. 七大洲
二、1. 责任感、苦肉计、明星梦、人生观
　　2. 银行家、消费者、上班族、京剧迷
　　3. 加油站、科学院、飞机场、咖啡厅

读后练习
一、略
二、1. √　2. ×　3. √　4. ×　5. ×　6. √　7. √　8. ×　9. ×　10. ×　11. √　12. √
三、1. C　2. C　3. A　4. A　5. B　6. B　7. D　8. C　9. A
四、1. A　2. D

五、1. D　2. A
六、略

泛读篇　以胖为美
一、略
二、1. ×　2. ×　3. ×　4. √　5. ×　6. √
三、1. B　2. C　3. D　4. A　5. C　6. C
四、1. C　2. B

成语篇　千里送鹅毛，礼轻情意重
一、1. √　2. √　3. ×　4. ×　5. ×
二、1. D　2. C　3. A　4. B　5. C　6. A
三、1. C　2. B　3. A
四、1. A　2. D　3. C
五、略

单元练习
二、1. 梳　2. 捧　3. 拔　4. 发　5. 提　6. 皱　7. 沉　8. 睁　9. 捂　10. 展
三、1. 趁机　2. 模仿　3. 宠爱　4. 丰满　5. 亲自　6. 诉说　7. 属于　8. 罕见　9. 迷惑　10. 珍贵
四、1. B　2. A　3. A　4. A　5. B　6. B　7. B　8. A

HSK 拓展训练
一、1.（1）B　（2）D　（3）B　（4）A
　　2.（5）C　（6）B　（7）D　（8）A
二、1. C　2. D

第 13 单元

精读篇　一张汇款单
语言点
一、1. D　2. E　3. C　4. B　5. A
二、1. 旅游　2. 安检　3. 研制　4. 高中　5. 公交

读后练习
一、略
二、1. ×　2. ×　3. ×　4. √　5. √　6. √　7. ×　8. √　9. ×　10. ×　11. √　12. ×
三、1. C　2. A　3. D　4. D　5. C　6. B　7. B　8. A　9. A　10. C
四、1. C　2. D
五、1. B　2. D　3. D
六、略

泛读篇　种花生

一、略

二、1. B　2. A　3. D　4. C　5. A　6. B

三、1. C　2. A

四、1. D　2. A

成语篇　杯弓蛇影

一、1. B　2. D　3. C　4. A

二、1. B　2. C　3. D　4. B　5. A

单元练习

二、1. 散　2. 印　3. 退　4. 浇　5. 悟　6. 斟　7. 伸　8. 倒　9. 种　10. 撕

三、1. 成熟　2. 分辨　3. 浑身　4. 试图　5. 情景　6. 纳闷儿　7. 收获　8. 可贵　9. 祝福　10. 羡慕

四、1. A　2. A　3. B　4. B　5. A　6. B　7. A　8. A

HSK 拓展训练

一、1.（1）D　（2）D　（3）A　（4）C

　　2.（5）A　（6）B　（7）C　（8）D

二、1. A　2. D

第 14 单元

精读篇　话说全聚德

语言点

一、1. E　2. B　3. A　4. D　5. C

二、1. 草绿、豆绿、墨绿等

　　2. 金黄、橘黄、杏黄等

　　3. 天蓝、灰蓝、宝蓝等

　　4. 雪白、奶白、银白等

读后练习

一、略

二、1. ×　2. ×　3. √　4. √　5. ×　6. √　7. √　8. √　9. ×　10. √　11. ×　12. ×

三、1. B　2. C　3. D　4. A　5. B　6. A　7. D　8. C　9. A

四、1. B　2. A　3. C

五、1. C　2. B　3. A

六、略

泛读篇　节日食品故事四则

1. 冬至饺子的故事

一、略

二、1. ×　2. ×　3. √　4. √　5. ×　6. ×

三、1. C　2. D　3. D　4. B　5. B

2. 元宵和汤圆

一、略

二、1. √　2. √　3. ×　4. ×　5. √　6. ×　7. ×

三、1. A　2. C　3. D　4. A　5. C

3. 粽子的故事

一、略

二、1. ×　2. ×　3. √　4. √　5. ×　6. √　7. ×

三、1. A　2. C

4. 月饼的故事

一、略

二、1. ×　2. ×　3. √　4. √　5. ×　6. √

三、1. B　2. A　3. D　4. C

四、1. D　2. C

成语篇　二百五

一、1. ×　2. √　3. √　4. ×　5. ×　6. ×

二、1. D　2. B　3. A　4. A　5. B

三、1. A　2. D

四、1. C　2. A　3. B

单元练习

二、1. 嫩　2. 誉　3. 煮　4. 划　5. 闯　6. 腻　7. 倒　8. 呈　9. 领　10. 冻

三、1. 兴隆　2. 理应　3. 象征　4. 习俗　5. 前途　6. 来历　7. 冒充　8. 纪念　9. 制作　10. 精明

四、1. A　2. B　3. A　4. A　5. A　6. B　7. B　8. A

HSK 拓展训练

一、1.（1）A　（2）D　（3）A　（4）B

　　2.（5）C　（6）C　（7）B　（8）C

二、1. C　2. A